Rudolf Grosse   Die Weihnachtstagung als Zeitenwende

Die Weihnachtstagung als Zeitenwende

Rudolf Grosse

Herausgegeben von der Freien Hochschule für
Geisteswissenschaft Goetheanum

Für Mitglieder der Allgemeinen Anthroposophischen
Gesellschaft

Philosophisch-Anthroposophischer Verlag
Goetheanum, Dornach / Schweiz

J. Schaenske

1. Auflage 1976 1.–4. Tausend

2. unveränderte Auflage 1977 5.–6. Tausend

Einbandentwurf von Werner Kehlert

1977 Zweite Auflage

Copyright 1976 by Philosophisch-Anthroposophischer Verlag
Goetheanum, Dornach / Schweiz

Gesamtherstellung: Werner Druck AG, Basel
ISBN 3–7235–0194–X

Inhalt

Vorwort zur zweiten Auflage

Ein halbes Jahr nach Erscheinen des Buches «Die Weihnachtstagung als Zeitenwende» muss die zweite Auflage gedruckt werden. Als Einführung in die geistigen und historischen Bedingungen der neubegründeten Allgemeinen Anthroposophischen Gesellschaft wurde es in vielen Studienkreisen – auch unter Beiziehung der im Text angeführten Vorträge Rudolf Steiners – gelesen, um ein tieferes Verstehen der Weihnachtstagung zu erarbeiten.

Es ging dem Verfasser vor allem um die Aufgabe, Rudolf Steiner im grossen Gange der Weltgeschichte sehen zu lernen und ihn in seiner Geistesmission zu erkennen. Enthusiasmus und neue Impulse werden sich, wie damals zu Weihnachten 1923, im Miterleben und im Sichverbinden mit dem Wesen jener Tagung ergeben.

Juni 1977   *Rudolf Grosse*

Das Verstehen der Weihnachtstagung

Seitdem Rudolf Steiner an der Weihnachtstagung 1923 den esoterischen Vorstand der Anthroposophischen Gesellschaft gebildet hatte und er selber der Vorsitzende geworden war, stand diese Weihnachtstagung im Mittelpunkt des Interesses der Mitglieder. Die als Neubegründung der Gesellschaft erlebten Vorgänge und die Veränderungen, die sie mit sich gebracht hatten, wurden von ihnen als Ausdruck und Charakter eines hohen spirituellen Ereignisses angeschaut.

Ob in einsamer Arbeit oder in der gemeinsamen Behandlung der Weihnachtstagung an den Zweigabenden – dieses Thema war weit mehr als nur ein Kennenlernen und Berichten. Im Laufe der Jahre musste jedoch immer wieder erkannt werden, dass man eine bestimmte Grenze im Verstehen nicht leicht zu überwinden vermochte. Die Erzählungen derjenigen, welche an der Tagung teilgenommen hatten, waren von erwärmendem Enthusiasmus getragen, der sich unmittelbar auf die Zuhörer übertrug. Wenn aber nach konkreten und deutlich fassbaren Begriffen und Inhalten gefragt wurde, ging eine solche Frage über das, was man formulieren konnte, hinaus. Und gerade deswegen wollte man mehr davon wissen.

Als Marie Steiner, 1944, einundzwanzig Jahre nach der Weihnachtstagung, die Berichte und Protokolle über die täglichen Verhandlungen, welche stattgefunden hatten, zum erstenmal allgemein zugänglich machte, wurde jenes Bedürfnis in reichem Masse befriedigt. Jeder, der konnte, versuchte – während der damaligen Kriegszeit – diese Veröffentlichung[1] zu erwerben. Was man dann las, erweckte ein ungeheures, nicht erlahmendes Interesse an dem Geschehen der Gesellschafts-Gründung. In der Art, wie Rudolf Steiner die Vereinigung der Anthroposophen wesenhaft erscheinen liess, sah man im Geiste das Urbild der Gesellschaft vor sich. An jedem Tag sprach Rudolf Steiner Worte, die man am liebsten auswendig gelernt hätte. Wenn sich später da und dort Arbeitsgruppen, meist aus jugendlichen, ernst strebenden

Mitgliedern, auch bei Jugendtagungen am Goetheanum, bildeten, versuchten diese oft, von einem älteren Mitglied, das Zeuge der Weihnachtstagung gewesen war, den Hergang des Ganzen genau zu erfahren. Manchmal glaubte man sich in urferne Zeiten versetzt, wo ebenfalls der Bericht über das grosse Ereignis der Zeitenwende von Mund zu Ohr weitergegeben wurde von denen, «die dabei gewesen waren». Es war dann jedesmal ein Ereignis, wenn eines der Gründungs-Vorstandsmitglieder zu den Versammelten sprach. Und wirklich, nach kurzem spürte man im Raum die Stimmung der Weihnachtstagung. Man wusste unmittelbar: Sie lebt!

Ob beim Lesen und Studium oder in solchen Berichten, man konnte sich eine Vorstellung davon verschaffen, was Rudolf Steiner hier als eine Gemeinschaft von Menschen, die sich ganz durch den Aufblick zum Geiste leiten lassen wollten, zu formen versucht hatte. Man las seinen Bericht über die Tagung, den er am 13. Januar 1924 im neugeschaffenen Nachrichtenblatt «Was in der Anthroposophischen Gesellschaft vorgeht» geschrieben hatte und prägte sich die Sätze ein:

«Der Anthroposophischen Gesellschaft eine Form zu geben, wie sie die anthroposophische Bewegung zu ihrer Pflege braucht, das war mit der eben beendeten Weihnachtstagung am Goetheanum beabsichtigt. Eine solche Gesellschaft kann nicht abstrakte Richtlinien oder Statuten haben. Denn ihre Grundlage ist gegeben in den Einsichten in die geistige Welt, die als Anthroposophie vorliegen. In diesen findet schon bis heute eine grosse Anzahl von Menschen eine sie befriedigende Anregung für ihre geistigen Ideale. Und in dem Gesellschaftszusammenhang mit anderen in dieser Richtung gleichgesinnten Menschen liegt, was die Seelen brauchen. Denn im gegenseitigen Geben und Nehmen auf geistigem Gebiete entwickelt sich das wahre Wesen des Menschenlebens. Deshalb ist es naturgemäss, dass Menschen, die Anthroposophie in ihren Lebensinhalt aufnehmen wollen, sie durch eine Gesellschaft pflegen möchten[2].»

Am 15. Januar 1924 hielt Rudolf Steiner in Dornach den Mitgliedern einen Vortrag, in dem jeder Satz zum Begreifen der Wirklichkeit der Weihnachtstagung hinführt: «Und dasjenige, was zu Weihnachten hier geschehen ist, muss eigentlich so aufgefasst werden, dass es zunächst lange nicht fertig ist, lange nicht abgeschlossen ist, dass eigentlich das Wenigste von dem, was zu Weihnachten hier geschehen ist, als ein Abgeschlossenes gelten kann, sondern dass fortwährend in diese Weihnachtstagung Inhalt hineinfliessen muss durch dasjenige, was weiter in der Anthroposophischen Gesellschaft geschieht[2].»

Dann schlossen sich nachher noch jene Sätze an, die durch ihren gravierenden Inhalt den Anstoss zu ungezählten Gedanken und Gesprächen gegeben haben: «Wenn Sie zurückdenken an diese Weihnachtstagung, so werden Sie sich sagen müssen: Es ist da etwas gewesen, was aus der geistigen Welt heraus selber kam. Es ist der Versuch gemacht worden, mit alldem, was Vereinswesen ist, zu brechen und das Geistige durchscheinen zu lassen durch jede einzelne Handlung, die geschah. Aber das Geistige hat einmal... seine eigenen Gesetze. Das Geistige hat andere Gesetze, als diejenigen sind, welche in der physischen Welt herrschen... Wenn diese Weihnachtstagung nur so genommen wird, wie man so gern frühere Tagungen nahm, dann verduftet sie allmählich, dann verliert sie ihren Inhalt, und es wäre besser gewesen, man hätte sich nicht versammelt. Denn das Geistige hat einmal die Eigenschaft, dass es, wenn es nicht festgehalten wird, verschwindet, nicht verschwindet selbstverständlich im Kosmos, aber verschwindet für den Ort, wo es eben nicht weiter gepflegt wird. Es sucht sich eben dann andere Orte im Kosmos. Und für so etwas, wie unsere Weihnachtstagung, ist man ja nicht angewiesen auf dasjenige, was innerhalb des Erdenbereiches geschieht[2].»

Die angeführten Zitate können zeigen, was an innerem Verständnis entwickelt werden muss, um den Hintergrund dessen, «was aus der geistigen Welt heraus selber kam», zu finden. Alle Äusserungen riefen nach einem tiefen geistigen Vertrautwerden mit ihrem Inhalt, der für den Anfang oft so undurchschaubar erschien. Vielleicht könnte man noch einen Schritt weitergehen und gerade darin einen Sinn sehen, dass so vieles an der Weihnachtstagung ein Rätsel bleiben muss. Die Lösung von Lebensrätseln ist an die innere Reife eines Menschen geknüpft und diese hängt mit der Entwicklung des geistigen Menschen zusammen. Denn dem Intellekt allein öffnen sich die Wege in spirituelle Zusammenhänge nicht. Diese müssen in Geduld gesucht werden können. Heute weiss man – besonders im Hinblick auf die Weihnachtstagung –, wieviel Zeit dafür notwendig ist.

Am letzten Tage der Weihnachtstagung, es war der 1. Januar 1924, sprach Rudolf Steiner noch einmal die *Grundsteinworte,* die er zur Erneuerung des alten Mysterienwortes «Erkenne dich selbst» am Beginn der Grundsteinlegungsfeier am 25. Dezember 1923 gesprochen hatte. Grosse feierliche Stille und Ergriffenheit lag über dem Saal, wie an jedem Morgenbeginn der folgenden sieben Tage. Die Bitte Rudolf Steiners, die er in der Eröffnungsstunde der Tagung mit den Worten ausgesprochen hatte: «Ich darf noch die Bitte aussprechen, dass wir uns alle bemühen möchten, vor allen Dingen Stimmung und Stimmung und wieder Stimmung in dieser Versammlung zu haben[1]», war erfüllt worden. Man hatte in diesen sieben Tagen in ebensovielen Stufen, innerlich getragen von den Grundstein-Worten, etwas durchgemacht im Erleben der täglichen, aber immer neu zusammengestellten Rhythmen dieses Spruches, was man später nicht anders bezeichnen konnte als die Teilnahme an einer Geistesschöpfung. Sie war unüberschaubar in ihrer Grösse, und kein Begriff war vorhanden, der diesen täglichen Vorgang hätte fassen können. Man konnte nur sagen, dass man etwas Neuem im Geiste begegnet sei. Die Worte, welche Rudolf Steiner am Schluss der Tagung sprach, waren getragen von einer Unermesslichkeit des Geistes:

«Zu diesem Zwecke haben wir uns vertieft in jene Worte, mit denen ich begonnen habe, in jene Worte, mit denen ich schliessen möchte diese Weihnachtstagung, diese Weihnachtstagung, die eine Weihenacht, ein Weihefest für uns sein soll für nicht nur einen Jahresanfang, sondern für einen Welten-Zeitenwende-Anfang, dem wir uns widmen wollen zu hingebungsvoller Pflege des geistigen Lebens[1].»

Dann sprach er in die Weihestimmung der Versammelten die Ruf-Worte an die Seele:

«Menschenseele!
Du lebest in den Gliedern,
Die dich durch die Raumeswelt
In das Geistesmeereswesen tragen:

Rudolf Steiner

Übe *Geist-Erinnern*
In Seelentiefen,
Wo in waltendem
Weltenschöpfer-Sein
Das eigne Ich
Im Gottes-Ich
Erweset;
Und du wirst wahrhaft *leben*
Im Menschen-Welten-Wesen...»

In dieser letzten Ansprache gebrauchte Rudolf Steiner eine Wortfolge, die wegen ihrer Ungewöhnlichkeit tiefen Eindruck machte. Sie lautete:

«Welten-Zeitenwende-Anfang».

Diese Wortprägung ist wie das geistige Siegel, das über der Weihnachtstagung steht. Die Zusammenfügung von *Welten, Zeitenwende* und *Anfang* tritt einem wie ein grosses Rätsel entgegen. Am unmittelbarsten spricht zu einem der letzte Teil, das Wort *Anfang*. Es drückt klar und einfach aus, dass man vor etwas Neuem stehe, das nichts mit der Vergangenheit zu tun habe. Dieser Anfang nimmt einen ganz auf, es regen sich in der Seele Kräfte, die von der Last der Vergangenheit frei werden wollen. Die Weihnachtstagung lässt diese Vergangenheit als ein Ende, als einen Abgrund wie eine Weltentatsache hinter sich stehen. Und jenseits dieses Abgrundes steht die Weihnachtstagung, die nun selber das beginnende Neue ist. Für dieses unbekannte Neue ist sie ein Licht, ja mehr – sie ist ein Stern. Eindringlich spricht Rudolf Steiner von diesem «Weihnachtsstern», der uns den Weg zu erleuchten habe:

«So, meine lieben Freunde, traget hinaus Eure warmen Herzen, in denen Ihr hier eingegründet habt den Grundstein für die Anthroposophische Gesellschaft, traget hinaus diese warmen Herzen zu kräftigem, heilkräftigem Wirken in die Welt. Und Hilfe wird Euch werden, dass erleuchtet Eure Häupter dasjenige, was Ihr jetzt alle wollt zielvoll führen können. Das wollen wir uns heute in aller Kraft vornehmen.

Wir werden doch sehen: Wenn wir uns dessen würdig erzeigen, wird ein *guter Stern* walten über demjenigen, was von hier aus gewollt wird. Folget, meine lieben Freunde, diesem guten Stern. Wir wollen sehen, wohin uns die Götter durch das Licht dieses Sternes führen werden[1].»

Dann wendet sich Rudolf Steiner unmittelbar an dieses Licht:

> Göttliches Licht,
> Christus-Sonne,
> Erwärme
> Unsere Herzen
> Erleuchte
> Unsere Häupter!

Im Zusammenhang mit dem Bilde des Weihnachtssternes und seinem Lichte steht ein unscheinbarer Nebensatz, der aber in Wirklichkeit wie ein geistiger Kern etwas vom Geheimnis der Weihnachtstagung umschliesst und andeutet. Wir finden ihn im oben zitierten Abschiedswort Rudolf Steiners. Er möge nun in den Mittelpunkt gerückt werden:

«Wenn wir uns dessen würdig erzeigen, wird ein guter Stern walten über demjenigen, *was von hier aus gewollt wird.*»

In diesem Nebensatz wird auf den Keim einer spirituellen Zukunft gedeutet. Es ist an der Weihnachtstagung *etwas gewollt worden.* Diesem geistigen Wollen gegenüber mögen die Menschen sich zur Würde entwickeln und erheben, denn ein guter Stern wartet darauf, sein Licht darüber leuchten zu lassen:

> Folget diesem Stern!

Wir bezeichnen geistig korrekt diese wenigen Sätze des Abschiedes am Ende der Weihnachtstagung als eindringliche Imagination von dem Stern, der leuchten und führen wird – wenn sich die Menschen höhere Kräfte aneignen, durch die sie zur *Würde* emporsteigen. «Dann wollen wir sehen, wohin uns die Götter durch das Licht dieses Sternes führen werden.»

Rudolf Steiner hat damit im höchsten Ernst etwas ganz Konkretes gemeint, dass der *Anfang* von der neuen *Würde* und dem Ernst – der ein Menschheits-Ernst sein muss – abhänge. Weil wir in unserer Zeit der inneren Selbständigkeit, die unserer Kulturepoche gemäss ist, von Freiheit umgeben sind und sie als wirkende Kraft in uns tragen, ist dieser neue Anfang den Menschen, den Mitgliedern der solcherart gebildeten Anthroposophischen Gesellschaft, damals in ihre Hände, in ihre Verantwortung übergeben worden. Wie gross, ja wie unermesslich diese Verantwortung ist, sehen wir daran, dass das Wort *Anfang* ja nicht allein dasteht. Es wird im Zusammenhang der *Zeitenwende* gesehen und mit ihr verknüpft. Welch ein Geist blickt uns aus der *Zeitenwende* entgegen? Es ist derjenige, mit dem von allem, was an der Weihnachtstagung gewollt wurde, gerechnet und auf den gebaut worden ist:

«In der Zeiten-Wende
Trat das Welten-Geistes-Licht
In den irdischen Wesensstrom;
Nacht-Dunkel
Hatte ausgewaltet;
Taghelles Licht
Erstrahlte in Menschenseelen.»

Damals, vor 2000 Jahren, war das geschehen, als das «Göttliche Licht», die «Christus-Sonne» sich mit der Erde verbunden hatte. Und nun wird die Botschaft der *Zeitenwende* mit der Weihnachtstagung selber in Verbindung gebracht. Was hat sich da an der Weihnachtstagung real ereignet? Was geht geistig vor sich, wenn die «Christus-Sonne» während der Weihnachtstagung wieder den Anfang der Zeiten-Wende gebracht hat? Welche Zeiten-Wende muss das sein, nachdem eine solche schon einmal stattgefunden hat? Ist am Ende die *Weihnachtstagung 1923* eine im kosmisch-irdischen Sonnenort fällig gewordene Menschheitsbahn, die nicht anders als so – weil das die Wirklichkeit der geistigen *Erde-Sonne*-Beziehung ist – bezeichnet werden kann, als dass man von einem sprechen muss, so wie es Rudolf Steiner getan hat? Diese Fragen müssen gestellt werden und später noch weitere dazu, um das *Schweigen,* welches die Weihnachtstagung wie ein wirkliches Mysterium umgibt, zu durchdringen und um das Nicht-Gesagte zur Offenbarung zu bringen.

Dass dies so ist, ergibt sich aus Darstellungen, die Rudolf Steiner auch nach der Weihnachtstagung und dann oft mit unerwarteter Betonung gegeben hat. Wollte er in verhaltener Weise die Schicksalsgrösse, welche der Menschheit durch das Wirken und Walten des Geistes der Weihnachtstagung sich offenbaren konnte, zum Lichte der individuellen Erfahrung erheben und so dem höheren Bewusstsein der Menschen, die sich im Strahlungs-Umkreis der Weihnachtstagung bewegen durften, unvergesslich einprägen? Einprägen als ein Geist-Erlebnis, das auch nach dem Erdenwege aller zum führenden Geisteslicht werden sollte?

Mit diesen Fragen sind Erkenntnisaufgaben gegeben. Den Weg zu ihrer Lösung beginnen wir mit der Erinnerung an die erste *Zeitenwende.* Wie war es denn damals gewesen, als die Christus-Sonne ins irdische Nacht-Dunkel hereingekommen war? Wer unter den Menschen hat an der Zeitenwende das Ereignis wahrnehmen und erleben können? War es nicht für das Bewusstsein der Menschen ein Vorgang, der ganz im Unwahrnehmbaren, im Verschwiegenen verlief, von dem nichts zu den Seelen jener Zeit kam? Und sollte dieser Stern, der leuchten und führen will, heute wieder vorbeigehen, weil die Augen für ihn nicht da sind? Es darf nicht mehr dasselbe eintreten wie damals, als die Seelen der Menschen von der Sinneswelt so gefesselt und schon so an den Leib gebunden waren, dass das Christus-Ereignis an ihnen vorbeigehen musste. Einen einzigen Menschen sehen wir auftreten – es war Johannes der Täufer –, der an der Zeitenwende alles tat, um die Menschen aus ihrer seelischen Verfassung aufzurütteln, damit sie ihren Sinn änderten. Viele liessen sich taufen, um geistig wach und sehend zu werden. Denn der Getaufte erlebte sein ganzes bisheriges Leben und gleichzeitig die geistige Welt, wodurch er wusste, dass in dieser das

«Ich» lebte, aus dem er geboren worden war. Alles, was am Beginne unserer Zeitrechnung als Situation in der Menschheit im Rückblick zu beobachten ist: wie das Mittelpunktsereignis im Gange der Jahrtausende vorbereitet und das Kommen des Christus aus dem eigenen Opfer-Entschluss des höchsten Geistwesens erfolgen musste, dass aber die Menschheit darauf nicht eingestellt und, innerlich blind, kein Organ für dieses Adventsereignis hatte ausbilden können – alles das muss von dem Menschheitsbeobachter in ungeheurer Bedrückung erlebt werden. Aber nicht nur dieses allein. Wer die geistige Konstellation, etwa am Ende des letzten Jahrhunderts, sich vor das geistige Auge stellt, muss eine ähnliche Stimmung in sich auftauchen fühlen. Sie lässt sich am besten mit Rudolf Steiners eigenen Worten ausdrücken: «Mir schwebte damals vor, wie die Jahrhundertwende ein neues geistiges Licht der Menschheit bringen müsse. Es schien mir, dass die Abgeschlossenheit des menschlichen Denkens und Wollens vom Geiste einen Höhepunkt erreicht hätte. Ein Umschlagen des Werdeganges der Menschheitsentwicklung schien mir eine Notwendigkeit[3].»

Damals hatte Johannes der Täufer, nur kurze Zeit vor der Taufe am Jordan, in einem mächtig-entflammenden Auftritt als die Stimme eines Rufers die Seelen dafür wecken können, dass eine Zeitenwende gekommen sei. Anders war das Wirken Rudolf Steiners. Er wusste aus dem Entwicklungsgang der Menschheit heraus, dass im Jahre 1899 eine höchst bedeutsame Geistes-Zeitenwende eintreten würde. Denn es sollte das «Zeitalter des geistigen Lichtes», das lichte Zeitalter anbrechen und das dunkle Zeitalter, das Kali Yuga ablösen, welches über 5000 Jahre hindurch gewaltet hatte. Neue spirituelle Fähigkeiten sollten von nun an in der Menschheit auftreten. Diesen aber musste der Weg gebahnt werden. Aus dem Geistesdunkel, das mit der materialistisch-naturwissenschaftlichen Schulung verbunden war, konnte man die Seelen nur herausführen, wenn es gelang, ihnen neue spirituelle Begriffe zu geben. Die Menschen mussten gerade hier ihren Sinn ändern, und dazu brauchte es eine gewaltige und ungeheuer intensive geistige Erziehung. Diese Aufgabe erfüllte Rudolf Steiner 30 Jahre lang, von 1894 bis zu seinem Tode 1925.

Seine *Erziehung der Menschheit* steht in den Büchern, die er um die

Jahrhundertwende herum veröffentlicht hat, in grossen Linien vor uns. Man braucht nur ihre Titel zu nennen und ihre Inhaltsverzeichnisse zu studieren, um seine Methode vor Augen zu haben, z.B.:

Die Philosophie der Freiheit[4]: ein Weg, das Denken leibfrei zu machen;

Die Geheimwissenschaft im Umriss[5]: das Erfassen der Evolution aus dem Geistigen heraus, sowie die Erweiterung des Bewusstseins, um von der Unbestimmheit der *Kräfte* zum konkreten Wirken von geistigen *Wesen* vorzudringen. Wer sich in diese Darstellungen vertieft, macht sich den Weg frei, um ein Verhältnis zur Wirklichkeit der Welt- und Menschwerdung zu gewinnen.

Wenn man *Die Rätsel der Philosophie*[6] und etwa auch *Grundlegendes für eine Erweiterung der Heilkunst nach geisteswissenschaftlichen Erkenntnissen*[7] dazu nimmt, dann steht das Geistgebäude einer *Universitas* vor einem, das auf den Fundamenten einer Weltbestimmung, einer Weltanschauung und einer Menschenerkenntnis ruht, wie sie ein einzelner bisher nie geschaffen hat. Wer so tief in die geistigen Untergründe, in die Werde-Gesetze der Evolution hat eindringen können wie Rudolf Steiner, der konnte auch die Aufgabe bewältigen, eine *Freie Hochschule für Geisteswissenschaft* zu begründen. Die nach und nach sich mehrende Schülerschaft dieser Hochschule, «Goetheanum» genannt, wurde zu einem neuen Sehen und Begreifen des Wesens *Mensch* erzogen. Aber niemals gab Rudolf Steiner nur die Erkenntnis. Sie wurde, wie einst, mit der Entwicklung des eigenen Wesens zum höheren Menschen verknüpft. Das uralte Wort der Mysterien früher Zeiten: «Erkenne dich selbst» wurde wiederum der Mittelpunkt einer geistigen, einer esoterischen Schulung. Mit zwei Kernsätzen musste man sich dabei durchdringen. Der erste lautete: «Der Mensch hat es in seiner Hand, sich selbst zu vervollkommnen, sich mit der Zeit ganz zu verwandeln. – Denn jeder Mensch trägt neben seinem Alltagsmenschen in seinem Innern noch einen höheren Menschen». Und dann vernimmt man auf diesem Weg die goldene Regel: «Wenn du *einen* Schritt vorwärts zu machen versuchst in der Erkenntnis geheimer Wahrheiten, so mache zugleich *drei* vorwärts in der Vervollkommnung deines Charakters zum Guten[8]».

Damit sei nur angedeutet, dass innerhalb von 30 Jahren ein neuer Erkenntnis- und Entwicklungsweg, der die innersten aktiven Seelenkräfte des Menschen erforderte, beschritten wurde, der ganz aus dem Element des *lichten Zeitalters* herausgewachsen war.

Um zwei Dinge hat sich Rudolf Steiner bei der Erfüllung seiner Aufgabe wenig gekümmert: um die Einwände einer Zivilisation und Wissenschaft, die aus der Denkart einer verfallenden Welt, des dunklen Zeitalters kam, und ebensowenig um die Opposition und die Zersetzung, welche aus den ungeläuterten Kräften der Seelen aufstiessen, die mit den eigenen Labilitäten und Widerwärtigkeiten ihrer Natur nicht fertig wurden. Hingegen verfuhr er unerbittlich streng im Aufzeigen von Denkfehlern, Denkoberflächlichkeiten und einem nicht zu Ende geführten Denken, wenn es ihm bei Wissenschaftern und gewissen Kulturträgern entgegenkam. Er erzog dadurch zu einem wachen Urteil und bewies an solchen Erscheinungen den Zerfall von Bildung und Wissenschaft. In diesem Wirbel aus Dunkelheit, Illusion und Schwäche sollte die Wahrheit der Geistesforschung zum Heilmittel und zur Kraft werden.

Wenn ein neues Geistesleben, wie es von der Anthroposophie in die Welt gebracht wird, von den Seelen aufgenommen werden soll, dann müssen diese über zwei Fähigkeiten verfügen. Es sind dies: Einsicht und Unvoreingenommenheit. Man muss bereit sein, das Enge und Eigensinnige, wie es sich im Einnehmen von Standpunkten ergibt, zu überwinden. Eine philosophisch gründlich geschulte Geisteshaltung ist erforderlich, denn diese kann mit genügend weitem Horizont Klarheit darüber gewinnen, wie sehr alles Neue abweichen muss vom Altgewohnten und wie sehr es darauf ankommt, sich innerlich selbständig mit den neuen Gedanken vertraut zu machen. Rudolf Steiner hat oft genug auf Methoden des Geistesforschers hingewiesen, einen Erkenntnistatbestand oder ein Forschungsergebnis niemals nur von einer Seite, sondern von möglichst vielen her zu beleuchten und dann die oft verschiedenen, wenn nicht sogar widersprüchlichen Gesichtspunkte sich gegenseitig tragen zu lassen. Diese Methode kann allmählich zu einer wirklichen Geistesreife und inneren Beweglichkeit des Menschen führen.

Die Grundsteinlegung des ersten Goetheanums

Rudolf Steiner hat sich während seines Lebens um *ein* Gebiet der Geistesforschung immer wieder, ja man könnte sagen, dauernd bemüht. Das sind die Fragen nach der Wesenheit des Christus, seiner göttlichen Natur, seiner Menschwerdung im Jesus von Nazareth bei der Taufe am Jordan und dem Mysterium seines Todes. Gerade das Mysterium von Golgatha und die Lehren des Auferstandenen mit Erkenntnis zu durchdringen, scheute er in den Mitteilungen an die Mitglieder keine Anstrengung, um ihnen klar zu machen, wie durch die Christuskraft das Wesen des Todes im Sterbemoment geistig überwunden und zu einer Steigerung des wahrhaften Lebens wird. Er legte das grösste Gewicht darauf, zu zeigen, dass durch die Auferstehung, die er das *Mysterium von Golgatha* nannte, der ganze Geschichtsverlauf der Menschheit ein anderer wurde. Mehr und mehr wird dadurch auch der Lebenslauf des einzelnen Menschen von innen her sich ändern, wenn die Auferstehungskräfte des Christusimpulses seine Seele ergreifen. Ein Leben in der Zeit vor Christus gelebt, hatte ganz andere Qualitäten im Ausleben des Willens und der Persönlichkeit, die noch so stark von luziferischen Elementen durchsetzt waren, als in den nachchristlichen Jahrhunderten, wo sich ein Innenleben entwickeln und sich der Mensch dadurch selbst finden konnte, was vorher gar nicht möglich gewesen wäre. Aber auch die Fähigkeit, aus der Seele die starke Kraft zu entwickeln, um der Aussenwelt und dem Schicksal sicher und ungebeugt entgegenzutreten, hat damit zu tun. Der Mensch erobert sich Qualitäten des Inner-Menschlichen, die früher ganz undenkbar waren. Dieses Auferstehungslicht, diese Menschengüte und Wärme wird z.B. alles, was wir Medizin und Pädagogik nennen, ganz verwandeln. Die Dominanz des analytischen Denkcharakters, des nur wissenschaftlichen Lebensstiles im Behandeln der Daseinsprobleme, kann sich dabei nicht mehr aufrechterhalten. Wenn das soziale Zusammenleben der Menschen wieder fruchtbar werden soll, dann muss die Christus-Tatsache in den Mittelpunkt der menschlichen Existenz gerückt werden. Es ist aus diesem Grunde nötig, sich besonders mit der Bedeutung des Jesus von Nazareth zu befassen. Vieles ist über ihn in den Vorträgen Rudolf Steiners zu lesen. Auf besondere Weise spricht er über ihn im *Evangelium der Erkenntnis,* im sogenannten *Fünften Evangelium.* Was er darüber aus der Akasha-Chronik erforscht und mitgeteilt hat, muss den Betrachter der Weihnachtstagung in ganz intimer Weise beschäftigen, weil die Grundsteinlegung des ersten Baues, die am 20. September 1913 stattgefunden hatte, mit der Forschung über das Fünfte Evangelium verknüpft ist. Diese Verknüpfung geschah durch die folgenden Worte, welche Rudolf Steiner bei der Grundsteinlegung sprach[9]:

«Als erstes des Fünften Evangeliums soll hier ertönen das makrokosmische Gegenbild des mikrokosmischen Gebetes, das einstmals verkündet wurde vom Osten nach dem Westen. So klinge wider als Zeichen des Verständnisses das makrokosmische Weltengebet, enthalten im Fünften, uralten Evangelium, das verbunden ist mit dem Mond und dem Jupiter, so wie die vier Evangelien verbunden sind mit der Erde... Das Vaterunser war als Gebet der Menschheit gegeben worden. Dem mikrokosmischen Vaterunser, das verkündet wurde vom Osten nach dem Westen, tönt nun entgegen das uralte makrokosmische Gebet. So tönt es wider, wenn es, recht verstanden von Menschenseelen, hinausklingt in die Weltenweiten und zurückgegeben wird mit den Worten, die geprägt worden sind aus dem Makrokosmos heraus. Nehmen wir es mit uns, das makrokosmische Vaterunser, fühlend, dass wir damit *beginnen,* das Verständnis zu erringen für das Evangelium der Erkenntnis: das Fünfte Evangelium...

AUM, Amen!
Es walten die Übel,
Zeugen sich lösender Ichheit,
Von andern erschuldete Selbstheitschuld,
Erlebet im täglichen Brote,
In dem nicht waltet der Himmel Wille,
Da der Mensch sich schied von Eurem Reich

Und vergass Euren Namen,
Ihr Väter in den Himmeln.»

Um die Bedeutung, welche dieses makrokosmische Gebet für Rudolf Steiner hatte, zu unterstreichen, soll hier jener Satz zitiert werden, den er ein Jahr später, im Gedenken der Grundsteinlegung, am 19. September 1914[10] in der Schreinerei aussprach:

«Es gehört, meine lieben Freunde, zu den erhabensten Augenblicken, die ich erleben durfte im Laufe unserer Bewegung, als ich zum ersten Male sprechen durfte die Worte:

Amen.
Es walten die Übel,
Zeugen sich lösender Ichheit,
Von andern verschuldete Selbstheitschuld,
Erlebet im täglichen Brote,
In dem nicht waltet der Himmel Wille,
In dem der Mensch sich schied von Eurem Reich
Und vergass Euren Namen,
Ihr Väter in den Himmeln.»

Durch die Verbindung des Fünften Evangeliums mit der Grundsteinlegung des Goetheanumbaues hat Rudolf Steiner eine Handlung vollzogen, die wie ein Mysterium in der Geschichte unserer Bewegung dasteht. Nie wieder kam er auf dieses Rätsel zu sprechen, ausser dass er zwei Tage nach der Grundsteinlegung, am 22. September 1913 vor den Mitgliedern in Basel das folgende sagte: «Als verantwortungsvolle Handlung muss diese Grundsteinlegung schon aus dem Grunde empfunden werden, weil wir ja wirklich mit Recht uns an diesem vorgestrigen Abend erinnern durften, damit auch den Eckstein für unser Bewusstsein gelegt zu haben, dass *dasjenige, was wir wollen*[11], sich einreiht in das, was wir als die Erdenmission empfinden[10].»

Unendlich tief sind diese wenigen Worte. Man darf sie als ein Beispiel dafür anführen, wie Rudolf Steiner den Mitgliedern geistige Zusammenhänge und Hintergründe anvertraut hat. Sie setzen eines voraus: dass man das einzelne Wort und den einzelnen Satz in ihrer weitreichenden Bedeutung erlebt.

Im Fünften Evangelium[12], das kurz nach der Grundsteinlegung, Anfang Oktober 1913, in Oslo gegeben worden ist, teilt Rudolf Steiner Tatsachen des Jesuslebens aus der Akasha-Chronik mit, die gewaltige Geistverkündigungen darstellen und die in späteren Jahren nie wieder aufgegriffen oder weitergeführt worden sind. Wir müssen sie im Zusammenhang mit der Grundsteinlegung und deren «Einreihen in die Erdenmission» stark beachten und die Frage aufwerfen, ob von ihnen ein spirituelles Licht auf das Geschehen am Dornacher Hügel fällt.

In den Osloer Vorträgen wird das Leben des Jesus von Nazareth und seine Wesenheit geschildert. Ihnen waren die Evangelien-Zyklen vorausgegangen, z. B. das Lukas-[13] und das Matthäus-Evangelium[14]. In beiden wird von den zwei Jesusknaben gesprochen: der eine Knabe, von dem das Lukas-Evangelium berichtet, ist eine hohe Geistseele, die noch nie ein Erdenleben durchgemacht hatte, also als junge Erdenseele geboren wird – es war die *Adam-Seele* –; der andere als alte Erdenseele – im Matthäus-Evangelium dargestellt – ist der wiedergeborene Träger höchster Erdenweisheit und geistiger Erkenntnisse, der Zarathustra. Beide vereinigen sich miteinander. Die alte, weisheit- und erkenntnistiefe Wesenheit des Zarathustra verlässt, mit ausserordentlicher geistiger Vollmacht erfüllt, ihren Körper und zieht als führende und erden-reiche Individualität in die junge Seele des zwölfjährigen Lukas-Knaben ein. Als Zimmermann – so schildert es das Fünfte Evangelium – durchzog der Jesus Palästina und machte eine ungewöhnliche Erkenntnis-Schulung über das Menschenleben der damaligen Zeit durch, wie es in den geistigen Strömungen, den politisch-rechtlichen Auseinandersetzungen und in den sozialen Nöten zum Ausdruck kam. Tief blickte er in die Daseinslast der Lebensexistenz hinein. Aber zu seinen grössten Schmerzen zählte das Verkommen der Kulte, welche aus ihrer uralten Herkunft und hohen Mysterienführung in Handlungen grauenhafter dämonischer Besessenheit umgeschlagen und zur Quelle des geistig-menschlichen Niederganges geworden waren.

24

Was der Jesus bei solchen Blicken in die dämonisierte Kult-Atmosphäre erlebte, war ein Erschauen schlimmster Abgründe, das Gefühl der absoluten Hilflosigkeit und Ohnmacht und das Empfinden eines unendlichen Mitleides mit der Ausweglosigkeit, in welcher sich die Menschheit befand.

Es war beim Miterleben einer solchen Kultstätte, dass er, niedergeschmettert von der Furchtbarkeit der Realität, in einer Art Einweihungsentrückung die *Stimme der Weisheit* vernahm, welche die Stimme der verwandelten *Bath Kol* war, die aus dem Sonnenbereich heraus die Wahrheit über das nicht mehr bestehende Band zwischen der Menschheit und den sie leitenden Götterwesen verkündete. Es sind die Worte des uralten makrokosmischen Gebetes, in allen Mysterien bekannt, die Rudolf Steiner bei der Grundsteinlegung zum ersten Male gesprochen hatte (S. 22).

Dadurch wurde Jesus in die Erkenntnis über die Übel eingeweiht, in den Weg, den die Ichheit ging, als sie sich von der geistigen Welt löste und die Väter im Himmel vergass.

Den unendlichen Schmerz, den sowohl die Jesus-Zarathustra-Individualität als auch die Adamseele des Jesus bei diesem Erkenntnis-Erlebnis durchlitt, welches wie in einer Kulmination den geistigen Untergang der Menschheit zeigte, gab ihr jene Reife und Weihe, zum Opfer emporzusteigen: es verliess das Zarathustra-Ich um das 30. Jahr den Körper, in welchem es seit dessen 12. Erdenjahre gewirkt hatte und führte ihn an den Jordan, wo Johannes den vom Ich des Zarathustra verlassenen Leib des Jesus taufte.

In dem Moment der Taufe zog in die Jesus-Hülle, die die Adam-Seele barg, der Sonnengeist des Christus, das Welten-Ich ein und *durchgottete* während dreier Jahre diesen Leib des Erdenmenschen. Was Rudolf Steiner in den Vorträgen des Fünften Evangeliums, des *Evangeliums der Erkenntnis,* der Anthroposophischen Gesellschaft aus einer okkulten Notwendigkeit heraus im Auftrag der geistigen Welt gegeben hat, besitzt eine Ausstrahlung, die im Laufe des jahrelangen Sinnens Brücken zum Verständnis der tief verborgenen Zusammenhänge schlagen kann, die dann ihren Höhepunkt in der Weihnachtstagung gefunden haben.

Um dieses geistige Zusammengehören und das aufeinander Abgestimmtsein einander näherzurücken, sei noch einmal auf die Grundsteinlegung von 1913 eingegangen. Es ist schon erwähnt worden, dass als ein ganz wesentlicher Akt dieser Handlung das Sprechen des *umgekehrten Vaterunsers* angesehen werden muss. Es knüpft also der Grundstein des Goetheanums an die Erkenntnis-Einweihung der Zarathustra-Adam-Jesus-Wesenheit an. Der innere Weg, den der Jesus von der Erschütterung an geht, die ihm als 24jährigem am Altar der Heiden geworden war, bis hin zur Jordantaufe, wird im Fünften Evangelium mitgeteilt und bildet mit die geistige Aura für die Grundsteinlegung. Die Grundsteinlegung fängt mit dem Erkenntnisgebet über das Walten der Übel, den Zeugen der sich lösenden Ichheit an, als einer Offenbarung des Wahrheitsgrundes, von dem die Mysterien immer gewusst haben. Diese Mysterienwahrheit wird nun an der Grube des Grundsteines laut ausgesprochen. Was einmal streng verhüllt gewesen war, wird, weil die Zeit und die Seelen dafür reif geworden waren, der Bewusstseins-Seele anvertraut. Die Bewusstseins-Seele empfängt die Erkenntnistaufe an dem Mysterienorte des 20. Jahrhunderts, auf dem Dornacher Hügel. Etwas mehr als zehn Jahre darauf hätte die Christusstatue im Hintergrund der kleinen Kuppel aufgestellt werden sollen. Die neun Meter hohe Holzplastik zeigt den Christus schreitend durch die Menschheit – nach Westen – und wie an ihm zerschellen die Übel, die in ihr walten: Luzifer und Ahriman. Das sollte auch die Aufgabe des Goetheanums sein, das bleibende, fortdauernde Ziel des Baues.

Wenn wir nach den grossen Bildern der Grundsteinlegung, wo der kristallförmige Körper aus Kupfer mit seinen zweimal zwölf Fünfeckflächen in den Jurakalkstein versenkt wurde, nun den Gang eines Besuchers begleiten, der das Goetheanum – von Westen herkommend – betritt und dann, im grossen Saal stehend, nach Osten blickt, dann sieht dieser den auf ihn zuschreitenden Christus in seiner Gebärde der Liebe. Am nach oben ausgestreckten Arm zerschellt das Übel von oben, und durch den Arm, der zur Erde weist, verstrickt sich, sich selber fesselnd, das Übel von unten, aus den Tiefen.

Im fünften Vortrag des Fünften Evangeliums, am 6. Oktober 1913, spricht Rudolf Steiner etwas aus, was in der Seele des Christus-Jesus

26

lebte: «Und da leuchtete in ihm die Erdenerfahrung des Gottes auf: Ich habe den Menschen zu sagen, nicht wie die Götter den Weg herunterbahnten vom Geist zur Erde, sondern wie die Menschen hinauffinden können den Weg von der Erde zum Geist[12]». Das ist die Geistsprache vom Grundstein hinauf zur Christusstatue, ein Wort, das das Motiv des michaelischen Zeitgeistes geworden ist.

Bevor Rudolf Steiner seine Ansprache hielt, las er das *Grundsteindokument* vor, welches danach im kupfernen Grundstein eingelötet wurde. In einem Aufsatz *Erinnerungen im Gedenken an die Feier der Grundsteinlegung zum ersten Goetheanum am 20. September 1913* gibt Nelly Grosheintz-Laval[15] ein eindringliches und lebendiges Bild des damaligen Geschehens.

«Erzählen möchte ich in schlichten Worten den Hergang der Grundsteinlegung auf dem physischen Plan. Sogar etwas zurückgreifen möchte ich, um im wesentlichen zu schildern, wie dieser Bau, der für München geplant war, doch jetzt auf diesem damals unberührten Hügel – jahrhundertelang ‹Bluthügel› genannt (Erinnerung an die Dornacher Schlacht 1499) – errichtet werden sollte.

Dort besassen wir zwei Hektar Land und hatten im einsamen Haus Brodbeck – heute als Rudolf Steiner-Halde ausgebaut – unsere Sommerwohnung. Nach der Abhaltung des *Basler Zyklus über das Markus-Evangelium im Herbst 1912* sollte Fräulein von Sivers mit ihrer Schwester Olga und Fräulein Waller dort etwas ausruhen, während Dr. Steiner in Baar (Elsass) Edouard Schuré und in Graubünden Christian Morgenstern besuchen wollte. Dann sollte nach Italien weitergereist werden.

Über diesen ersten Aufenthalt berichtet Frau Dr. Steiner – damals Fräulein von Sivers – im Nachrichtenblatt des 16. August 1925 folgendes:

‹Grün und urchig lag der Hügel da, uneben und unberührt mit Ausnahme des am nordwestlichen Abhange gelegenen Hauses Brodbeck... In strahlendem Herbstglanz lag die Landschaft zu unseren Füssen, rot flammten die Kirschbäume im Tal, wie Feuer, wie brennendes Blut im Lichtspiel der Sonne... Und in allen Schattierungen des

Gelb erstrahlten die Berge um den Hügel herum. Für uns Stadtmenschen ein wonnevoller Anblick. Ich lehnte mich begeistert aus dem Fenster. Aber am anderen Morgen erwachte Rudolf Steiner wie nie zuvor. Verstört, wie zermalmt, ganz umdüstert; es lag eigentlich kein Grund dazu vor, so etwas geschah ihm nie, dem trotz ewiger Hetze in ewiger Harmonie Lebenden. Es ging vorüber: trotzdem hatte ich das Gefühl, das im Laufe der Zeit oft wiedergekehrt ist: er hat in jener ersten Nacht manches vorausgeschaut, was in Gedanken zu bewegen er sich verbieten musste.›

Zum Erstaunen aller blieb Dr. Steiner in Dornach, durchwanderte kreuz und quer die ganze Gegend und stieg sogar in alle Arlesheimer Höhlen.

Dann besuchte er uns in Basel, und es entspann sich folgendes Gespräch:

Dr. Steiner: ‹Was haben Sie eigentlich vor, mit diesem Land zu machen?›

Dr. Grosheintz: ‹Als ich es kaufte, sagte ich meiner Frau, es wird mir die Zukunft zeigen, warum ich so viel Land kaufen musste.›

Ich: ‹Ich möchte, dass wir dort ein Landerziehungsheim bauen, wo Kinder in richtiger Art aufwachsen können.›

Daraufhin sprach Dr. Steiner die Schicksalsworte:

‹An ein Bayreuth haben wir schon gedacht.›

Wir wussten um die Münchener Hemmnisse, und so antwortete mein Mann:

‹Dornach hat keine Baugesetze –›

‹Und Basel hat ein günstiges theosophisches Karma›

fügte Dr. Steiner dazu.

Er erzählte uns dann von den Schritten in München, wodurch man nur Zeit verliere, und sagte damals schon, was er so oft wiederholen sollte: ‹Zeit haben wir nicht.›

‹Nun›, sagte mein Mann, ‹wenn Sie das Land brauchen, ist es ja da.› –

Erst Ende Februar 1913 kam die erneute Ablehnung des Bauprojektes durch die Münchener Baukommission, und kurz darauf der Entschluss des Johannesbau-Vereins, den Bau auf unserem Hügel zu errichten. Da wir nur den vorderen Teil besassen – wo der Bau jetzt steht –, sahen wir ein, dass man doch den hinteren Teil erwerben müsste.

Unsere Züricher- und Bernerfreunde: Prof. Gisi, Frau Hirter-Weber und Frau Schieb ermöglichten, dass das jetzige Gelände eine Schweizer Stiftung wurde.

Dass alles auf Anregung Dr. Steiners geschah, ist mir wichtig zu erwähnen. Von uns aus die Initiative zu diesem Wechsel zu ergreifen, hätten wir als einen Verrat gegenüber den lieben, hingebungsvollen Münchener Mitgliedern empfunden. Wir fühlten, wie es für sie schmerzlich sein musste, den Bau, dessen Boden schon erworben war, zu verlieren.

Dankbar war ich Frau Dr. Wegman, als sie damals folgende Worte zu mir sprach: ‹Sollte Ihnen jemand sagen, dass es Unrecht ist, dass hier gebaut wird, dürfen Sie folgendes erzählen: Ich (Frau Dr. Wegman) war 1905, von Holland kommend, auf dem Weg nach Zürich, um dort medizinische Studien aufzunehmen. Unterwegs hielt ich mich in Berlin auf, wo ich auch Dr. Steiner hören konnte, und frug Fräulein von Sivers um Rat, ob ich nicht lieber in Berlin Medizin studieren solle, wo ich dann alle Vorträge Dr. Steiners würde besuchen können. Und Fräulein von Sivers antwortete mir: ‚Gehen Sie nach Zürich. Unsere ganze Bewegung kommt doch in die Schweiz‹› (1905!). Schicksalsworte!

Dank diesem Rat von Fräulein von Sivers war – unter den Mitgliedern – Dr. Wegman der einzige Arzt mit Schweizer Diplom und konnte dadurch in der Schweiz Dr. Steiner die Möglichkeit bieten, nach dem Krieg das Gebiet der Medizin praktisch zu befruchten.

Schicksalsworte auch für die anthroposophische Arbeit, zeigt es doch, dass das Karma in sich barg, was den Bau, der eine Heimat für die Seelen werden sollte, gegen die heranbrausenden Kriegsgewitter schützen sollte. Durch diesen Ausspruch von Fräulein von Sivers kann man auch eine Gefahr ermessen, welche eine Zeitlang über der Bewegung Rudolf Steiners schwebte.

Im Jahre 1911 wurde von Genf aus den schweizerischen deutschen theosophischen Logen mitgeteilt, die vier dortigen Logen – an Paris angeschlossen – hätten sich in sieben Logen umgestaltet, um dadurch eine Landes-Charta zu erlangen. Diese war von Mrs. Besant prompt gewährt worden. Und es hatte sich in Genf ein Landesvorstand gebildet, dem die Verwaltung aller theosophischen Logen in der Schweiz oblag. Dieser Vorstand sollte immer aus den sieben Vorsitzenden der sieben Gründerlogen bestehen. Den damaligen Statuten der Theosophischen Gesellschaft entsprechend, konnte der Generalsekretär einer Sektion nicht ohne Einladung im Gebiet einer anderen Sektion sprechen. Über die Genfer Logen sollte also erreicht werden, dass Dr. Steiner keine Vorträge mehr in der Schweiz würde halten dürfen. Es bedurfte eines zähen Kampfes, den Dr. Emil Grosheintz führte, bis erreicht wurde, dass Mrs. Besant diese Schweizer Charta zurückzog und das Recht der Schweizerdeutschen Logen anerkannte, sich als zu Dr. Rudolf Steiners Strömung gehörig zu betrachten.

Es ist nicht überflüssig, daran zu erinnern. Das Bewusstsein der geistigen Hindernisse, Widerstände, Kämpfe hatte die Seelen der Menschen, welche die Verantwortung der Mitarbeit zu tragen hatten, erweitert und gestärkt.

Und ernst waren sie gestimmt, als der Augenblick kam, wo die Grundsteinlegung stattfinden konnte. Fast hätte ich gesagt: ernst und sorgenvoll, wenn nicht durch Rudolf Steiners Wesen man über die Sorgen emporgehoben worden wäre. Man wusste, man würde die Kraft bekommen, die Sorgen zu tragen.

Nun kam der denkwürdige Tag. Nur drei Tage vorher hatte Dr. Steiner den Zeitpunkt angegeben, und wenige Menschen nur erfuhren davon. Am Tag der Ankündigung – abends – machte Dr. Steiner die ersten Spatenstiche, und die anwesenden Mitglieder schaufelten dann weiter. Zwei Tage hindurch wurde fieberhaft daran gearbeitet, tagsüber durch die Arbeiter, abends durch Mitglieder.

Am 20. September lag die Grube fertig da. Neun Stufen führten in die Tiefe. Eine betonierte kleine Grube erwartete den Grundstein.

Die Feier war auf 6.30 Uhr angesetzt (18.30), konnte aber erst nach 7 Uhr (19.00) beginnen. Der Tag verlief in erwartungsvoller Stimmung. Der Grundstein, zwei zusammengelötete kupferne Dodekaeder, ein grösserer und ein kleinerer, nicht ganz *einen Meter* lang, war gebracht worden. Die Masse hatte Rudolf Steiner selbst angegeben. Später erzählte mir Ingenieur Englert, dass, als er nach der Grundsteinlegung

30

den Bau errechnete, die Rechnung nicht ganz aufgegangen sei; es blieb immer ein Rest. Und da habe er bemerkt, dass das Mass des Grundsteines diesen Rest aufgehen liess.

Das Pergament für die Urkunde – aus der Haut eines männlichen Kalbes hergestellt – hatte Graf Lerchenfeld besorgt. Und Dr. Steiner war nachmittags beschäftigt, die Inschrift der Urkunde einzutragen. Er las sie uns dann vor.

Tagsüber hatte sich der Himmel bewölkt, und als wir versammelt waren, erhob sich ein mächtiger Wind. In der Ferne dröhnte der Donner; Blitze zerrissen immer wieder die Dunkelheit, und die Landschaft erschien gespensterhaft.

Als Dr. Steiner die Urkunde verlas, begann ein ganz feiner Regen zu rieseln. Doch entlud sich das richtige Gewitter mit strömendem Regen erst, als die Feier vorbei war. Für die Teilnehmer verschmolz die nachträgliche Entfesselung der Elemente mit den mächtigen, erschütternden Eindrücken der Feier und bildete ein Ganzes, was sich in manchen Schilderungen der Feier widerspiegelt.

Der Grundstein wurde von Dr. Peipers auf ausgestreckten Armen getragen, von zwei Mitgliedern an langen Gurten gehalten, die neun Stufen hinunter an den Ort verbracht, wo er ruhen sollte. Er wurde so gelegt, dass der grössere Dodekaeder nach Osten, der kleinere nach Westen liegt. – Das ist im umgekehrten Verhältnis wie der Bau.

Architekt Schmidt und Ingenieur Englert bedecken den Stein, auf den Fräulein von Sivers einen Rosenstrauss gelegt hat – zwölf rote und eine weisse Rose – mit Erde.

Darauf reicht Dr. Steiner den am Grundstein Anwesenden: Fräulein von Sivers, Fräulein Stinde, Herrn Dr. Grosheintz, Herrn Dr. Peipers, Architekt Schmidt, Ingenieur Englert die Hände übers Kreuz. Dann verlassen alle, zuletzt Dr. Steiner, die Vertiefung.

Dann hielt Dr. Steiner diejenige Ansprache, die kündet von jener Antwort, die gegeben werden kann dem hörbaren Schrei nach dem Geiste da, wo Geisteswissenschaft walten kann mit ihrem Evangelium, der Kunde von dem Geiste. Dass das Fünfte Evangelium würde verkündet werden können, wenn die Menschenseelen zum Verständnis sich finden würden. – Und als Erstes aus diesem Fünften Evangelium

31

kam zur Verlesung das makrokosmische Gebet ‹Es walten die Übel› als Gegenbild des mikrokosmischen Vaterunsers[15].»

stenographische *Nachschrift* *20. Sept. 20*

Einer stenographischen Nachschrift, welche Fritz Edelmann[16] von der Ansprache Rudolf Steiners bei der Grundsteinlegung für den Johannesbau in Dornach am 20. September 1913 gemacht hatte, verdanken wir die Worte, welche damals wie ein Weltenkeim in die geistige Hülle des Hügels gesprochen worden waren.

«Wir beginnen unser Werk. – (Nach Osten, Süden, Westen, Norden sich wendend und je einen Namen nennend:)

Ihr Seraphim, ihr Cherubim, ihr Lenker der Welt, und die ihr gleich Blitzen durch die geistigen Strömungen aufnehmet die Hüllen der Cherubim, sie vermählend zu schöpferischem Dasein der Welt, ihr hohen Throne, euch rufen wir als Schützer unserer Handlung, und euch, ihr Weisheiten, die ihr alles dasjenige, was im Menschen vor aller seiner Wesenheit vorhanden ist, und euch, ihr Bewahrer der ewigen Weltenkräfte, und euch, ihr Former unseres Daseins, die ihr hereinstellt die Gestalt alles Seins in die Strömungen des Daseins: euch rufen wir zu Schützern unserer Handlungen. Und euch, ihr Persönlichkeiten des geistigen Stromes, und ihr Helfer, die Archangeloi und die Angeloi, die ihr der Erde die Boten des geistigen Lebens des Menschen seid, euch alle rufen wir zu Schützern und Lenkern dieser unserer Handlung. Herab rufen wir euch über des Menschen Seele, die wir weihen wollen, soweit es an uns ist. Wir treten hin an dieses Menschen Seele, die wir weihen wollen dem Werke, das nach unserer besten Erkenntnis der Zeit ihre Dienste leisten soll.

Als Sinnbild der Menschenseele, die sich weiht unserem grossen Werk, haben wir geformt diesen Stein. Er ist uns Sinnbild in seiner doppelten Zwölfgliedrigkeit der strebenden, als Mikrokosmos in den Makrokosmos eingesenkten Menschenseele. Anthropos, der Mensch, wie er sich herleitet von Wesenheiten der göttlich-geistigen Hierarchien. So ist Sinnbild dieser unser Eckstein unserer eigenen Seele, die wir

32

einverleiben dem, was wir als richtiges geistiges Streben für die Gegenwart erkannt haben. So werden wir versenken diesen Stein, der geformt ist nach den Weltenbildern der Menschenseele, in das Reich der Elemente. Innerhalb dieses Steines finden sich, dem verdichteten Reich der Elemente entnommen, zwei Gesteine, die am besten ausdrücken, wie zusammenwirken des Makrokosmos Kräfte im verdichteten Reich der Elemente. Diese Zwölfgliedrigkeit, wir werden sie als das eigentliche Zeichen der Menschenseele versenken an den Ort, über dem sich erheben wird dasjenige, was uns wie ein Zeichen werden soll unseres Wirkens, wenn wir es recht verstehen, meine lieben theosophischen Freunde, am heutigen Abend. Und versenken wollen wir mit diesem Stein dasjenige, durch das wir uns angeloben demjenigen, was wir als Richtiges unseres geistigen Lebens erkannt haben.

Diese Urkunde, sie wird in unsern Stein versenkt; sie trägt die Inschrift:

Im Namen der Seraphim, der Cherubim, der Throne, der Weisheiten, der Beweger, der Former, der Persönlichkeiten, der Archai, der Archangeloi, der Angeloi!

Es lebt als Mikrokosmos im Makrokosmos der Mensch, *Anthropos,* dargestellt auch hier als zweimal zwölfgliedriges Abbild, Sinnbild der geistigen Welt. Und innerhalb dieses Sinnbildes drückt der euch, meine lieben Freunde, wohlbekannte Spruch des Rosenkreuzertums den Sinn unseres Strebens aus: *(E.D.N. I.C.M. P.S.S.R.)* Ex Deo nascimur. In Christo morimur. Per Spiritum Sanctum reviviscimus.

Als Angelobeformel, verstehen wir uns recht, steht es auf diesem Stein, der als *Eckstein* ausdrückt den im Geist sich suchen wollenden, den in der Weltenseele sich fühlen wollenden, im Welten-Ich sich ahnenden Menschen. Diesen Stein versenken wir in der verdichteten Elemente Reich, als Sinnbild der Kraft, nach der wir uns zu streben bemühen durch 3, 5, 7, 12, gelegt vom Johannesbau-Verein Dornach am 20. Tag des September 1880 nach dem Mysterium von Golgatha, d.i. 1913 nach Christi Geburt, da Merkurius als Abendstern in der Waage stand.

Als Baumeister:
Carl Schmid-Curtius

Als Verwaltungsrat des Johannesbau-Vereins:

Stinde	Fr. Bürgi
Grosheintz	Fr. Schieb
Linde	Fr. Hirter-Weber
Peipers	
Kalckreuth	
Unger	
Gumppenberg	

Als Centralvorstand der Anthroposophischen Gesellschaft:
von Sivers
Unger
und Dr. Steiner
als geistiger Leiter der Handlung.

Dieses Dokument, es wird einverleibt dem Sinnbild der Menschenseele, und dann dem verdichteten Reich der Elemente. – (Das Dokument wird dem Kupferblechbehälter einverleibt und dieser alsdann verlötet.)

Der Stein, das Sinnbild unserer Seelen, wird in das verdichtete Reich der Elemente gesenkt. – (Der Stein wird von Dr. Peipers getragen, von 2 Männern an langen Gurtbändern gehalten, an den Ort verbracht, wo er ruhen soll. Er wird so gelegt, dass der grössere Dodekaeder nach Osten, der kleinere nach Westen liegt, d. i. umgekehrt wie der Bau, dessen grössere Kuppel nach Westen und dessen kleinere nach Osten gerichtet ist.)

Der Stein als Sinnbild unserer Seele ist in die Erde versenkt; er sei ein Wahrzeichen des Strebens nach Erkenntnis, nach Liebe, nach starkem Handeln, der Menschheit Sinnbild. Unseren Seelen wird er sollen Wahrzeichen sein, dass uns tönt immerdar aus dem tiefsten Sinn des Weltenwortes heraus: Ex Deo nascimur. In Christo morimur. Per Spiritum Sanctum reviviscimus.

Da soll werden aus dem Sinnbild der Menschenseele ein Zeichen der Menschenseele. Zum Zeichen der Menschenseele weihe ich dich mit den ersten Schlägen, die zu diesem unserem Wahrbau gemacht werden

34

sollen. – (3, 5, 7 Schläge auf den kleinen, 12 Schläge auf den grossen Körper.) – Der Stein ist damit zum Zeichen geworden aus dem Sinnbild. Und nun wollen wir ihn anvertrauen dem Reich der verdichteten Elemente, der Erde, in die unsere Seele versenkt wurde, um in der Menschheitsevolution dasjenige zu entwickeln, was Erdenmission ist. Zum Verhüllten wird der Stein aus dem Zeichen, indem wir ihn anvertrauen der Erde. Dreifach steigt auf die Menschenseele zu den drei Geheimnissen des Daseins: Sinnbilder sind sie zuerst, Zeichen sind sie dann, indem die Seele liest das ewige Weltenwort, doch die tiefsten Tiefen der Weltengeheimnisse, sie werden lebendig verbunden mit der Seele, wenn diese Seele aus dem Reiche der Hierarchien sich selber zu geben vermag die Hülle. – So werde verhüllt! Ein Verhüllter werde aus dem Sinnbild und dem Zeichen, auf dass du seiest ein fester Eckstein unseres Strebens, unseres Suchens, wie wir es als richtig erkannt haben in der Evolution der Menschheit. So wollen wir den Stein, der da ist das Zeichen unserer Seele, zum Verhüllten machen.»

(Herr Architekt Schmid-Curtius und Ingenieur Englert bedecken den Stein, auf den Fräulein von Sivers einen Rosenstrauss gelegt hat – 12 rote und eine weisse Rose – mit Erde. Darauf reicht Herr Dr. Steiner den am Grundstein Anwesenden, Dr. Peipers, Dr. Grosheintz, Frl. von Sivers, Architekt Schmid und Ingenieur Englert die Hände übers Kreuz gefaltet. Dann verlassen alle bis auf Dr. Steiner die Vertiefung.)

«Meine lieben Schwestern und Brüder,

Verstehen wir uns heute an diesem Festabend richtig. Verstehen wir uns dahin, dass diese Handlung in einem gewissen Sinne bedeutet für unsere Seele ein Gelöbnis. Unser Streben hat es mit sich gebracht, dass wir hier an diesem Orte, von dem aus wir weit hinaus sehen nach den vier Elementarrichtungen der Himmelsrose, aufrichten dürfen dieses Wahrzeichen geistigen Lebens der neueren Zeit. Verstehen wir uns, dass wir uns am heutigen Tage, indem wir unsere Seelen verbunden fühlen mit dem, was wir in die Erde symbolisch versenkt haben, anverloben dieser von uns als richtig erkannten geistigen Evolutionsströmung der Menschheit. Versuchen wir, meine lieben Schwestern und Brüder, dieses Seelengelöbnis abzulegen: dass wir hinwegsehen wollen für diesen Augenblick von allem Kleinlichen des Lebens, von all dem, was uns verbindet, notwendig verbinden muss als Mensch mit dem Leben des Alltags. Versuchen wir in diesem Augenblicke in uns den Gedanken zu erwecken der Verbindung der Menschenseele mit dem Streben in der Zeitenwende. Versuchen wir einen Augenblick daran zu denken, dass, indem wir das getan haben, was wir heute Abend vollbringen wollten, wir das Bewusstsein in uns tragen müssen, hinauszuschauen in weite, weite Zeitenkreise, um gewahr zu werden, wie sich die Mission, deren Wahrzeichen werden soll dieser Bau, einreihen wird der grossen Mission der Menschheit auf unserem Erdenplaneten. Nicht in Stolz und Übermut, in Demut, Hingebung und Opferwilligkeit versuchen wir unsere Seelen hinaufzulenken zu den grossen Plänen, den grossen Zielen des menschlichen Wirkens auf der Erde. Versuchen wir uns zu versetzen in die Lage, in der wir eigentlich sein sollen und sein müssen, wenn wir diesen Augenblick richtig verstehen.

Versuchen wir daran zu denken, wie einstmals einzog in unsere Erdenevolution die grosse Kunde und Botschaft, das urewige Evangelium göttlich-geistigen Lebens, wie es hinzog über die Erde, als die göttlichen Geister selber die grossen Lehrer der Menschheit noch waren. Versuchen wir, meine lieben Schwestern und Brüder, uns zurückzuversetzen in jene göttlichen Zeiten der Erde, von denen noch ein letztes Sehnen, eine letzte Erinnerung uns aufgeht, wenn wir etwa im alten Griechenlande mit den letzten Tönen der Mysterienweisheit – und zugleich mit den ersten philosophischen Tönen – den grossen Plato künden hören von den ewigen Ideen und der ewigen Hyle der Welt. Und versuchen wir zu begreifen, was über unsere Erdenevolution seither gezogen ist an luziferischen und ahrimanischen Einflüssen. Versuchen wir uns klarzumachen, wie aus der Menschenseele gewichen ist der Zusammenhang mit dem göttlichen Weltendasein, mit dem Wollen, mit dem Fühlen und mit dem göttlich-geistigen Erkennen.

Versuchen wir in diesem Augenblick tief, tief in unserer Seele nachzufühlen, was da draussen, in den Ländern im Osten, Norden, Westen und Süden heute die Menschenseelen fühlen, die wir anerkennen dürfen als die besten, und die nicht hinauskommen über dasjenige, was wir aussprechen können mit den Worten: ein unbestimmtes, unzulängliches Sehnen und Hoffen auf den Geist. Schaut Euch um, meine lieben Schwestern und Brüder, wie dieses unbestimmte Sehnen, dieses unbestimmte Hoffen auf den Geist waltet in der heutigen Menschheit! Fühlet hörend, hier beim Grundstein unseres Wahrzeichens, wie in dem unbestimmten Sehnen und Hoffen der Menschheit nach dem Geiste der Schrei hörbar ist nach der Antwort, nach jener Antwort, die gegeben werden kann da, wo Geisteswissenschaft walten kann mit ihrem Evangelium der Kunde von dem Geiste. Versucht in Eure Seelen Euch zu schreiben das Grosse des Augenblicks, den wir durchmachen am heutigen Abend. Wenn wir hören können den Sehnsuchtsruf der Menschheit nach dem Geiste, und errichten wollen den Wahrbau, von dem aus verkündet werden soll immer mehr und mehr die Botschaft von dem Geiste, wenn wir dieses fühlen im Leben dieser Welt, dann verstehen wir uns an diesem Abend richtig. Dann wissen wir – nicht in Hochmut und nicht in Überschätzung unseres Strebens, sondern in Demut, in Hingabe und Opferwilligkeit wissen wir, dass wir sein müssen in unserem sich bemühenden Streben die Fortsetzer jener Geistesarbeit, die im Abendland ausgelöst worden ist im Laufe einer fortschreitenden menschheitlichen Entwicklung, die aber endlich dazu führen musste durch die notwendige Gegenströmung der ahrimanischen Kräfte, dass heute die Menschheit an einem Punkte steht, wo die Seelen verdorren, veröden müssten, wenn jener Sehnsuchtsschrei nach dem Geiste nicht erhört würde. Fühlen wir, meine lieben Schwestern und Brüder, diese Ängste! So muss es sein, wenn wir weiter kämpfen dürfen in jenem grossen geistigen Kampf, der ein Kampf ist, durchglüht vom Feuer der Liebe; in jenem grossen geistigen Kampf, dessen Fortsetzer wir sein dürfen, der geführt worden ist von unseren Vorfahren einstmals, als sie drüben abgelenkt haben den ahrimanischen Ansturm der Mauren.

Wir stehen, durch Karma geführt, in diesem Augenblicke an dem Ort, durch den durchgegangen sind wichtige spirituelle Strömungen. Fühlen wir in uns den Ernst der Lage am heutigen Abend. Einstmals war die Menschheit am Endpunkt angelangt des Strebens nach Persönlichkeit. Da in der Fülle dieser Erden-Persönlichkeit verdorrt war das alte Erbstück der göttlichen Leiter des Urbeginnes der Erdenevolution, da erschien drüben im Osten das Weltenwort:

> Im Urbeginne war das Wort
> Und das Wort war bei Gott
> Und ein Gott war das Wort.

Und das Wort erschien den Menschenseelen und hat zu den Menschenseelen gesprochen: Erfüllet die Erdenevolution mit dem Sinn der Erde! – Jetzt ist das Wort selber übergegangen in die Erden-Aura, ist aufgenommen von der spirituellen Aura der Erde.

Vierfach verkündet worden ist das Weltenwort durch die Jahrhunderte, die nun bald zwei Jahrtausende geworden sind. So hat das Weltenlicht hineingeleuchtet in die Erdenevolution.

Immer tiefer sank und musste sinken Ahriman. Fühlen wir uns umgeben von den Menschenseelen, in denen erklingt der Sehnsuchtsschrei nach dem Geiste. Fühlen wir aber, meine lieben Schwestern und Brüder, wie bei dem allgemeinen Sehnsuchtsschrei diese Menschenseelen bleiben müssen, weil Ahriman, der finstere Ahriman, das Chaos breitet über die erstrebte Geisteserkenntnis der Welten der höheren Hierarchien. Fühlet, dass die Möglichkeit vorhanden ist, in unserer Zeit hinzuzufügen zu dem vierfach verkündeten Geisteswort jenes andere, das ich Euch nur im Symbole darstellen kann.

Vom Osten kam es herüber – das Licht und das Wort der Verkündigung. Vom Osten aus ist es hingezogen nach dem Westen, vierfach verkündet in den vier Evangelien, abwartend, dass vom Westen her kommen wird der Spiegel, der Erkenntnis hinzufügen wird dem, was noch Verkündigung ist im vierfach ausgesprochenen Weltenwort. Tief geht es uns zu Herzen und Seelen, wenn wir vernehmen jene Bergpredigt, die da gesprochen worden ist, als die Zeiten der Heranreifung der menschlichen Persönlichkeit erfüllt waren, da das alte Geisteslicht geschwunden war und das neue Geisteslicht erschien. Das neue Geisteslicht ist erschienen! Aber da es erschienen war, ging es durch die Jahrhunderte der Menschheitsevolution vom Osten nach dem Westen, wartend auf das Verständnis für die Worte, die einstmals in der Bergpredigt in die menschlichen Herzen getönt haben. Aus den Tiefen unserer Weltevolution ertönt jenes urewige Gebet, das als Verkündigung des Weltenwortes gesprochen worden ist, da sich das Mysterium von Golgatha vollzog. Und tief tönte hin das urewige Gebet, das dem Mikrokosmos in tiefster Seele künden sollte aus dem Innersten des menschlichen Herzens heraus das Geheimnis des Daseins. Es sollte erklingen in dem, was uns als ‹Vaterunser› verkündet worden ist, als es ertönte vom Osten nach dem Westen. Doch wartend verhielt sich dieses Weltenwort, das damals in den Mikrokosmos sich hineinsenkte, auf dass einstmals es zusammenklingen dürfe mit dem Fünften Evangelium; heranreifen mussten die Menschenseelen, um das zu verstehen, was vom Westen her als das urälteste, weil das makrokosmische Evangelium, wie ein Echo nun entgegenklingen soll dem mikrokosmischen Evangelium des Ostens.

Wenn wir Verständnis entgegenbringen dem gegenwärtigen Augenblick, dann wird uns auch das Verständnis dafür aufgehen, dass den vier Evangelien hinzugefügt werden kann ein fünftes. So mögen denn am heutigen Abend zu des Mikrokosmos Geheimnissen hinzu die Worte erklingen, welche die Geheimnisse des Makrokosmos ausdrücken. Als erstes des Fünften Evangeliums soll hier ertönen das makrokosmische Gegenbild des mikrokosmischen Gebetes, das einstmals verkündet wurde vom Osten nach dem Westen. So klinge wider als Zeichen des Verständnisses das makrokosmische Weltengebet, enthalten im Fünften, uralten Evangelium, das verbunden ist mit dem Mond und dem Jupiter, so wie die vier Evangelien verbunden sind mit der Erde:

AUM, Amen!
Es walten die Übel,
Zeugen sich lösender Ichheit,
von andern erschuldete Selbstheitschuld,
Erlebet im täglichen Brote,
In dem nicht waltet der Himmel Wille,
Da der Mensch sich schied von Eurem Reich

Und vergass Euren Namen,
Ihr Väter in den Himmeln.

Das Vaterunser war als Gebet der Menschheit gegeben worden. Dem mikrokosmischen Vaterunser, das verkündet wurde vom Osten nach dem Westen, tönt nun entgegen das uralte makrokosmische Gebet. So tönt es wider, wenn es, recht verstanden von Menschenseelen, hinausklingt in die Weltenweiten und zurückgegeben wird mit den Worten, die geprägt worden sind aus dem Makrokosmos heraus. Nehmen wir es mit uns, das makrokosmische Vaterunser, fühlend, dass wir damit beginnen, das Verständnis zu erringen für das Evangelium der Erkenntnis: das Fünfte Evangelium. Tragen wir von diesem wichtigen Augenblick nach Hause in unserer Seele mit Ernst und Würde unser Wollen, tragen wir nach Hause die Gewissheit, dass alle Weisheit, nach der da sucht die Menschenseele – wenn das Suchen ein echtes ist –, eine Gegenströmung ist der kosmischen Weisheit; und alle in selbstloser Liebe der Seele wurzelnde Menschenliebe aus der in der Menschheitsevolution waltenden Liebe erfruchtet.

Durch alle Erdenzeiten hindurch und in alle Menschenseelen hinein wirkt aus dem starken Menschenwillen, der sich erfüllt mit dem Sinn des Daseins und dem Sinn der Erde, eine Verstärkung durch die kosmische Kraft, welche die Menschheit heute sich erfleht, unbestimmt hinrichtend den Blick zu einem Geiste, den sie erhofft, aber nicht erkennen will, weil in die Menschenseele Ahriman eine ihr unbewusste Furcht gesenkt hat überall da, wo heute vom Geiste gesprochen wird. Fühlen wir das, meine Schwestern und Brüder, in diesem Augenblick. Fühlet dieses, so werdet Ihr Euch zu Eurem Geisteswerk rüsten können und Euch als Geisteslichtes Offenbarer ‹gedankenkräftig auch noch dann bezeugen, wenn über voll erwachter Geistesschau der finstere Ahriman, die Weisheit dämpfend, des Chaos Dunkelheit verbreiten will›. Erfüllet, meine Schwestern und Brüder, Eure Seelen mit der Sehnsucht nach wirklicher Geist-Erkenntnis, nach wahrer Menschenliebe, nach starkem Wollen. Und versucht in Euch rege zu machen jenen Geist, der da vertrauen kann der Sprache des Weltenwortes, die uns entgegenhallt aus Weltenfernen und aus Raumesweiten, hereinklingend in unsere Seelen. Das ist, was der wirklich fühlen muss am heutigen Abend, der den Sinn des Daseins erfasst hat: Die Menschenseelen sind an einem Rande ihres Strebens. Fühlet in Demut, nicht in Hochmut, in Hingabe und Opferwilligkeit, nicht in Überhebung Eures Selbstes, was werden soll mit dem Wahrzeichen, zu dem wir den Grundstein heute gelegt haben. Fühlet die Bedeutung der Erkenntnis, die uns werden soll dadurch, dass wir wissen können: Es muss in unserer Zeit in den Raumesweiten die Hülle der geistigen Wesenheiten durchstossen werden, wenn die geistigen Wesenheiten kommen, uns zu sprechen von dem Sinn des Daseins. Allüberall im Umkreis werden aufnehmen müssen Menschenseelen den Sinn des Daseins. Höret, wie an den verschiedenen Geistesorten, wo von Geisteswissenschaft, von Religion und Kunst gesprochen und in ihrem Sinn gehandelt wird, höret, wie immer öder werden die Strebenskräfte der Seelen, fühlet, dass ihr lernen sollt, diese Seelen, diese Strebenskräfte der Seele zu befruchten aus den Geistes-Imaginationen, den Inspirationen und Intuitionen heraus. Fühlet, was der finden wird, der richtig hören wird den Ton der schöpferischen Geistigkeit.

Diejenigen, die zum alten Vaterunser hinzu werden verstehen lernen den Sinn des Gebets vom Fünften Evangelium, die werden aus unserer Zeitenwende heraus diesen Sinn gründlich erkennen können.

Wenn wir lernen werden, den Sinn dieser Worte zu verstehen, so werden wir die Keime aufzunehmen suchen, die da erblühen müssen, wenn die Erdenevolution nicht verdorren, wenn sie weiter fruchten und gedeihen soll, auf dass die Erde das ihr vom Urbeginn gestellte Ziel durch Menschenwillen erreichen kann.

So fühlet an diesem Abend, dass lebendig werden muss in den Menschenseelen die Weisheit und der Sinn der neuen Erkenntnis, der neuen Liebe und der neuen starken Kraft. Die Seelen, die da wirken werden in der Blüte und der Frucht künftiger Erdenevolutionen, werden dasjenige verstehen müssen, was wir heute unseren Seelen zum ersten Male einverleiben wollen: die makrokosmisch widerklingende Stimme des uralt ewigen Gebetes:

AUM, Amen!
Es walten die Übel,

Zeugen sich lösender Ichheit,
Von andern erschuldete Selbstheitschuld,
Erlebet im täglichen Brote,
In dem nicht waltet der Himmel Wille,
Da der Mensch sich schied von Eurem Reich
Und vergass Euren Namen,
Ihr Väter in den Himmeln.

So gehen wir auseinander – in unserer Seele das Bewusstsein der
Bedeutung mitnehmend von dem Ernst und der Würde der Handlung,
die wir verrichtet haben. Das Bewusstsein, das von diesem Abend
bleibt, soll in uns entzünden das Streben nach Erkenntnis einer der
Menschheit gegebenen Neuoffenbarung, nach der da dürstet die Menschenseele, von der sie trinken wird, aber erst dann, wenn sie gewinnen
wird furchtlos den Glauben und das Vertrauen zu dem, was da verkünden kann die Wissenschaft vom Geiste, die wiederum vereinen
soll, was eine Weile getrennt durch die Menschheitsevolution gehen
musste: Religion, Kunst und Wissenschaft. Nehmen wir dies, meine
Schwestern und Brüder, mit als etwas, was wir als ein Gedenken an
diese gemeinsam gefeierte Stunde nicht wieder vergessen möchten.»
(Nun folgte noch Eindecken und Einbetonieren des Grundsteins.)

Es erweist sich nun als notwendig, im einzelnen auf die Urkunde
einzugehen, die in den Pentagondodekaeder hineingegeben worden
war. Rudolf Steiner hatte auf ihr eine Zeichnung verfertigt, die einen
Doppel-Pentagondodekaeder in senkrechter Lage übereinander stehend
zeigt. Um ihn herum ist eine Linie in Eiform gezogen, welche wie eine
Hülle die ganze Zeichnung umgibt. Über dem Dodekaeder stehen die
beiden grossen Buchstaben: J N. In seiner Ansprache liest Rudolf
Steiner die verschiedenen Abkürzungen in ihrer ganzen Bedeutung vor
und nennt die Hierarchien in ihrer Reihenfolge so, wie sie mit Buchstaben abgekürzt die weitgeschwungenen Linien bezeichnen, welche
die Grundsteinfigur wie einen Kelch umgeben:

«Im Namen (JN) der Seraphim, der Cherubim, der Throne (S CH T)
der Weisheit, der Beweger, der Former (W B F)
der Persönlichkeiten, der Archai, der Archangeloi, der Angeloi (P AA A)
als Eckstein

        unseres im Geiste sich suchenden Willens,
        in der Weltenseele sich fühlenden Seins,
        im Welten-Ich sich ahnenden Menschen,
        senken wir in der verdichteten
        Elemente Reich
        dies Sinnbild der Kraft
        nach der wir strebend uns bemühen
        durch
        3 5 7 12

Gelegt vom J.B.V. für die Anthroposophische Arbeit am 20 ten Tage
des September-Monats 1880 n. d. M. v. G., d. i. 1913 n. Chr. Geb. da
☿ als Abendstern in der Waage stand.
Namen:»

J. B. V. = Johannes-Bau-Verein. – n. d. M. v. G. = nach dem Mysterium
von Golgatha. – 3 5 7 12 = Hammerschläge.

Alle weiteren Abkürzungen und die Namen der Unterzeichner
werden von Rudolf Steiner durch das Vorlesen in den Verlauf der
Handlung eingefügt. So oft man die Zeichnung betrachtet und sich in
sie vertieft, bilden sich Fragen und ergeben sich starke Empfindungen,
dass sie mehr sagen möchte, als sich nur durch das Vorlesen mitteilen
lässt. Das gilt besonders für die beiden Buchstaben, welche so auffal-
lend die kosmische Formensprache der Zeichnung dominieren und die
in ihrer Abkürzung J N unwillkürlich an den «Jesus Nazarenus»
erinnern. Nun liegt es tatsächlich im Verlauf der ganzen Handlung
begründet, an diese Persönlichkeit zu denken, da in einer wirklich tief-
rätselhaften Weise die Offenbarung des Fünften Evangeliums mit der
Grundsteinlegung des Goetheanums verbunden worden ist. Denn
nichts ist so eindringlich damit in Zusammenhang gebracht worden
wie das kosmische Vater-Unser.

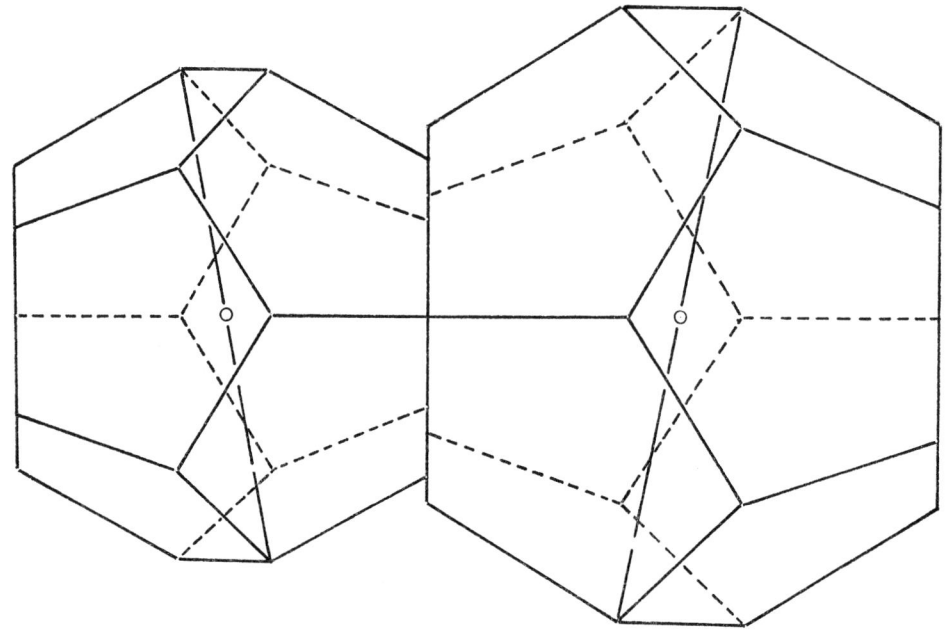

Die kupfernen Grundstein-Dodekaeder, Länge 96 cm. Im Innern die zwei
schwebend aufgehängten Pyritkristalle; im grösseren Körper ein kleinerer,
im kleinen der grössere.

Das von Rudolf Steiner gezeichnete Grundsteindokument, Länge 1,30 m, ▶
Breite 90 cm.

JN

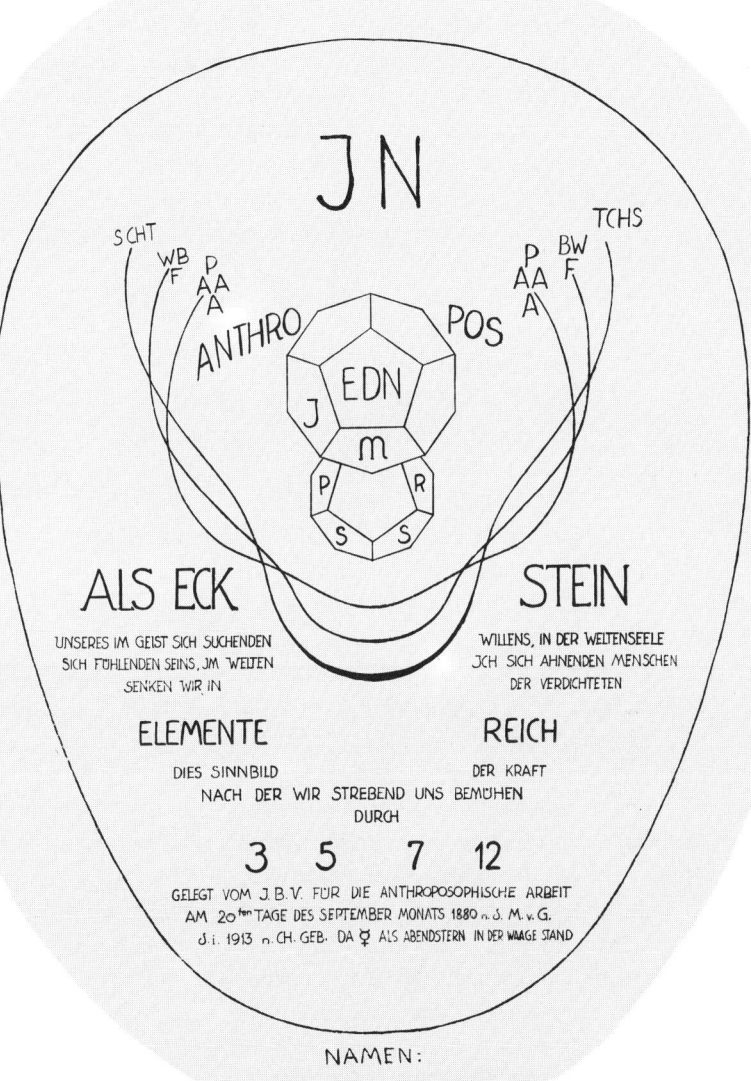

S CHT   TCHS
WB   BW
F   P   P   F
A   A
A   A

ANTHRO   POS

ALS ECK   STEIN

UNSERES IM GEIST SICH SUCHENDEN   WILLENS, IN DER WELTENSEELE
SICH FÜHLENDEN SEINS, JM WEITEN   JCH SICH AHNENDEN MENSCHEN
SENKEN WIR IN   DER VERDICHTETEN

ELEMENTE   REICH

DIES SINNBILD   DER KRAFT
NACH DER WIR STREBEND UNS BEMÜHEN
DURCH

3   5   7   12

GELEGT VOM J.B.V. FÜR DIE ANTHROPOSOPHISCHE ARBEIT
AM 20ten TAGE DES SEPTEMBER MONATS 1880 n.J.M.v.G.
d.i. 1913 n.CH.GEB. DA ☿ ALS ABENDSTERN IN DER WAAGE STAND

NAMEN:

Ein Jahr nach der Grundsteinlegung, am 19. September 1914, führte Rudolf Steiner bei seiner Erinnerungsansprache in Dornach aus: «Und dazumal war es, dass ich zum ersten Male die Worte sprechen durfte, von denen ich nicht nur zu wissen vermeine, sondern mit all den Sicherheiten, mit denen man so etwas wissen kann, wirklich zu wissen glaube, dass sie gehört wurden aus den göttlich-geistigen Höhen von jener Wesenheit, die der Träger des die Menschen harmonisch zusammenführenden Christus werden sollte. Es gehört, meine lieben Freunde, zu den *erhabensten Augenblicken, die ich erleben durfte im Laufe unserer Bewegung,* als ich zum ersten Male sprechen durfte die Worte:

Amen – AUM.
Es walten die Übel,
Zeugen sich lösender Ichheit,
Von andern verschuldete Selbstheitschuld,
Erlebet im täglichen Brote,
In dem nicht waltet der Himmel Wille,
Da der Mensch sich schied von Eurem Reich
Und vergass Euren Namen,
Ihr Väter in den Himmeln.

In diesen Worten ist ja – derjenige wird es allmählich finden, der diese Worte oft genug betrachtet – so gross und erhaben das enthalten, was Menschenherzen und Menschenseelen bewegen kann! Es ist in diesen Worten aber auch dasjenige enthalten, was als Menschenschmerz und Menschenleid durch Menschenherzen und Menschenseelen ziehen kann. Und es ist in diesen Worten enthalten, wenn man sie in der richtigen Weise in seiner Seele wirken lässt, das an Kraft, was uns im Sinne unserer geistigen Strömung aufrecht erhalten kann, mit innerer Sicherheit begaben kann, in welcher Lage des Lebens wir uns auch befinden mögen, welchen Lebensverhältnissen wir auch gegenüberzutreten genötigt sind[10]».

Anschliessend an die Grundsteinlegung fand in Basel am 22. September 1913[10] die dritte Generalversammlung des Johannes-Bau-Vereins statt. Rudolf Steiner sprach dort eindringlich über die Feier am 20.

September: «Mit dem Stein, mit dem wir da hantiert haben, verbinden wir doch zunächst das Symbolum unserer Seele, die wir gewissermassen der Erdenmission anvertrauen. Und auch das durfte bei dieser Gelegenheit mit Recht betont werden, dass dasjenige, dessen Eckstein dieser Stein sein soll, wirklich wie eine Antwort uns sein muss auf einen allgemeinen Schrei, der gegenwärtig durch das Geistesleben der Menschheit geht...

Dann werden wir die Empfindung aufnehmen, dass wir mit diesem Stein für uns dasjenige zum Wahrzeichen gemacht haben, was der Gegenwart so notwendig tut: die Antwort auf den Schrei der in Furcht vor dem Wissen sich sträubenden Menschheitsseele. Dann werden wir diesen Ernst erst empfinden, der in Frage kommt. Wir wissen, was wir zu tun haben, und warum *dieser Stein, der Erkenntnis, Liebe und starke Kraft bedeuten soll,* warum dieser Stein für zahlreiche Gegner auch wird werden müssen ein Stein des Anstosses und des Ärgernisses. Geben wir uns keiner Täuschung hin, dass die Zeiten der Schwierigkeiten abgelaufen seien. Diesen Glauben möchte ich nicht hervorrufen; dagegen möge uns das Vertrauen in den Seelen wachsen, dass wir die Schwierigkeiten überwinden werden. Die Krötennaturen werden von allen Seiten hervorkommen, und ihnen wird dieser Bau ein Stein des Anstosses und des Ärgernisses sein. Daher werden wir richtige Wachsamkeit brauchen und mutig stehen auf unserem Posten! Vielleicht wird dieses Legen des Steines erst der Anfang sein dessen, was wir für die Wahrheit und für das Ausleben der Wahrheit zu leisten haben. Deshalb war es mir darum zu tun, noch in Worte zu gestalten dasjenige, was ich Ihnen, meine lieben Freunde, zum ersten Male mitteilen durfte bei dieser Grundsteinlegung, in Worte zu gestalten dasjenige, was man den makrokosmischen Widerhall jenes Gebetes nennen könnte, *das als das wichtigste Ereignis des vierten Zeitraumes unserer nachatlantischen Entwicklung angesprochen werden kann.* Dann wird nach und nach entdeckt werden aus der geheimnisvollen Schrift des Fünften Evangeliums, was hinzukommen muss im fünften Zeitraum zu den andern Evangelien. Dann wird das ewige Gebet, das im Mikrokosmos erklingt als das ‹Vaterunser› und das den Evangelien eingereiht ist, uns entgegendringen aus dem Fünften Evangelium als das

‹Vater-unser› der Erkenntnis – gegenüber dem ‹Vater-unser› des Erlösungsflehens. Was das Erlösungsflehen im vierten, das ist die Erkenntnis im fünften Zeitraum[10].»

Wenn davon gesprochen worden ist, dass das *Fünfte Evangelium* die Grundsteinlegung wie eine geistige Aura umgibt, dann wird damit auf jene geheimnisvollen Zusammenhänge hingeschaut, die zwischen der *Zeitenwende* und dem Geschehen auf dem Dornacher Hügel bestehen. Das wird ja von Rudolf Steiner deutlich in den schon zitierten Worten gesagt (S. 23), «dass dasjenige, was wir wollen, sich einreiht in das, was wir als die Erdenmission empfinden.» Es geht also darum, sich über das «was wir wollen» Klarheit zu verschaffen, damit es in die Erdenmission eingereiht werden kann.

Die Mission der Erde ist es, der Planet der Liebe zu werden, wie es einst die Mission des alten Mondes war, der Planet der Weisheit zu sein. Wenn in dieser knappen Formulierung das Weltenziel der Erde ausgesprochen wird, dann dürfte es klar sein, dass sehr viel dazu gehört, um den ganzen Umfang dessen, was *Planet der Liebe* bedeutet, auch zu überschauen oder sich davon einen einigermassen genügenden Begriff zu bilden.

Ein Planet der Liebe zu werden, ist ein Welten-, ein kosmisches Ziel. Und diejenigen, die in dieser kosmischen Aufgabe darin stehen, sind die Menschen, welche ihre vielen vergangenen und noch kommenden, zukünftigen Erdenleben diesem Ziel widmen. Nun hat der Mensch so, wie er heute ist, verschwindend wenig von der Kraft der Liebe in sich bereits verwirklicht. Die meisten Handlungen, die Menschen vollführen, zeigen diese Schwäche und Unfähigkeit, ein Träger, ein Spender, ein Quell der Liebe zu sein. Darunter leidet der Mensch am meisten, dass er das, was er selber am tiefsten begehrt, wünscht und erbittet, nämlich Liebe erfahren zu dürfen, nicht geben kann. Zu viel an Kälte, an Anti-Liebe lebt in ihm, die sich im Egoismus darleben und das Leben von Mensch zu Mensch belasten und verkümmern. Aus sich heraus würde er niemals diese grösste aller Kräfte gewinnen, wenn nicht das Wesen gekommen wäre, dessen Natur, dessen eigene Ur-Substanz die Liebe ist, um sie in die Menschheit hineinzugiessen. Solange der Mensch nicht an dieser Gottes-Substanz der Liebe teilnimmt, solange kann er nicht ein wahrer Mensch sein. Der Bringer der Liebe musste daher sich selber bringen und sich ganz in die Menschheit hineinopfern. Denn nur wo Liebe ist, kann von Opfer gesprochen werden. Wir sprechen von der Sonnenwesenheit des Christus und seinem Opfer, dem Mysterium von Golgatha. Seit der Zeitenwende lebt die Erdenmenschheit in der Christus-Liebes-Opferkraft. Sie umgibt wie die Atemluft den Menschen, sie ist es, die ihn zum Menschen erweckt, wenn er den Christusimpuls aufnimmt, die ihn verinnerlicht, die ihn vertieft und die wie sein höheres Wesen in ihm lebt. Wer daher den Menschen verstehen und erkennen will, muss über seine Beziehung zum Christuswesen Bescheid wissen. Und wer sein Erdenleben als Mensch im rechten Sinne führen will, wird sich zur Kraft des Christus in ein Verhältnis setzen müssen. Von dieser Christuskraft spricht die Weihnachtstagung[1]:

> «In der Zeiten-Wende
> Trat das Welten-Geistes-Licht
> In den irdischen Wesensstrom;
> Nacht-Dunkel
> Hatte ausgewaltet;
> Taghelles Licht
> Erstrahlte in Menschenseelen...»

Was aus solchen Höhen in die Menschheit hereinkommt, wird mehr und mehr zu einem entscheidenden Strom, zu dem Geistes-Liebes-Strom in der Menschheit werden. In langer Entwicklung, durch Inkarnationen in vielen Geschichtsepochen, wird er das geben, was den Menschen verwandelt, bis sein höheres Wesen «als das Kind» geboren worden ist.

Ein solcher Geistes-Strom der Verwandlung, in welchem die Christuswesenheit wirkt, muss von Menschen, die vorausschreiten – wir nennen sie die Menschheitsführer – geleitet werden. Es sind höchste Menschheitslehrer – Bodhisattva genannt –, die in ihrer Zwölfheit um das Christuswesen versammelt sind und aus dem Übersinnlichen in die Menschheit hereinströmen lassen, was für den Fortschritt nötig ist. Man denke ebenso daran, wie sich der Christus wie ein Abbild höherer Gesetzmässigkeiten seine zwölf Jünger geholt und in ihnen die Keime der Zukunft geweckt hat. Dieses Wecken von Zukunftskeimen wird etwa dargestellt in der Einweihung des Lazarus durch den Christus. So haben wir durch die Menschheit schreitend jene Individualitäten, welche sich mit dem Christusimpuls verbunden haben und als Christuseingeweihte durch die Geschichte gehen, unentwegt für den Geist der Liebe wirkend, den Menschen reif machend für diesen Geist und seine Erdenaufgabe.

Damit ist in Kürze angedeutet, was es heisst, «das, was wir wollen» in die «Erdenmission einzureihen». Wie hat nun die Erden-Menschheit den Bringer der Liebe empfangen und behandelt? So, wie sie seine Tat mit der Kreuzigung, jener Un-Tat aus den Kräften der Finsternis, beantwortet hat, so wurde auch jede Nachfolge Christi geahndet. Verfolgung, Hass, Folterung, Tod sind die Reaktionen jener «waltenden Übel», die sich mit aller Vehemenz gegen die Erdenmission auflehnen. Auch hier sind es Menschen, die sich in den Kampf *gegen* die Erdenmission einreihen, um zu verhindern, dass der Geist der Liebe siegt. Es sind das die negativen Bilder der Entwicklung. Das drückt sich alles, im Guten wie im Bösen, in der Schicksalsgestaltung eines Lebens aus. Unmittelbar stehen wir vor den ganz zentralen übersinnlichen Leitlinien einer Biographie, wenn wir gewahr werden, welche Tiefenkräfte aus ihrem Unterbewusstsein heraufschlagen. Man kommt dem Kern eines Menschen recht nahe, wenn man an ihm bemerkt, dass ein fortwährendes, inneres Suchen in ihm arbeitet. Man könnte sagen, dass sein Geheimnis gerade in diesem Suchen sich offenbart, da es der Ausdruck seiner tiefgeistigen Schicksalskraft ist. Der Mensch sucht seine Eltern, seinen Geburtsort, seine Sprache, seine ihm eigene Gemeinschaft, die ihn als Kind und Jugendlichen umgibt. Er sucht seine Lehrer, seine Freunde, seine Krankheit und Gesundheit, seine Lebensanstösse und Konflikte, die Schwierigkeiten seines Daseins mit dem, was daraus als Hindernisse den Weg versperrt, er sucht den Partner, den Schicksalszugehörigen, alles das zusammen als sein *Schicksal*. Denn es bildet aus höherer Gesetzmässigkeit heraus die Konstellationen seiner geistigen Entwicklung in der Gemeinschaft jener Seelen, in deren Strom er selber gehört. Die Gründe

Das erste Goetheanum

dafür liegen in den durchgemachten früheren Erdenleben, aus denen er sich eine neue Zielsetzung erarbeitet. Da liegen tiefste Geistgesetze verborgen, nach denen man lebt und die der Anlass zu einer Wandlung und zu einem inneren Wachstum bilden. Wir müssen hinzufügen: Wandlung zum Menschsein und inneres Wachstum als Mensch. In diesem ganzen Vorgang des geistgeführten Suchens, das dem Lebenskurs des Menschen die Richtung weist, wie die Magnetnadel dem Schiffe, nimmt die überragende Stelle in seiner intimen Entwicklung das Verhältnis zur Christuswesenheit ein. Schon die Tatsache, ob er in der Kindheit die Bilder des Christus-Jesus-Lebens hat aufnehmen können, die eine ungeahnte, weckende Kraft auf die Seelentiefen ausstrahlen, ist von entscheidender Bedeutung. Ebenso steht die esoterische Wahrheit vor der inneren Erkenntnisorientierung des Menschen, dass der Christus dasjenige Wesen ist, das in der Gemeinschaft der Menschen mit seiner ganzen Kraft wirkt und lebt. Dort, wo das Schicksal getragen, errungen, erlebt, erfüllt und bereinigt wird, im Weben von Menschenseele zu Menschenseele, geht es in Wirklichkeit um das Aufnehmen des Christusimpulses. In jedem einzelnen wird er zum höchsten Impuls, den man nie für sich allein in der Einsamkeit haben kann, sondern der nur dann strahlt und Substanz wird, wenn er unter den Menschen da ist. Man kann, wenn man auf dieses Walten unter und in den Menschen achtet, gar nicht anders als bekennen, dass der Christus im Schicksalsgesetz der Menschen selber lebt.

Von der Gesamtheit dieser Lebensgeheimnisse hat Rudolf Steiner in vielen seiner Vorträge gesprochen. Er selbst hat danach gelebt und gehandelt. Wenn wir uns z. B. in seine Evangelienvorträge versenken und sein Wort auch innerlich mithören können, dann spüren wir, wie er im unmittelbaren Anschauen des Mysteriums von Golgatha alle seine Darstellungen gab und unmittelbar in diesem Mysterium darinnen lebte.

Die innere Auseinandersetzung mit den Lebenstatsachen, so wie sie heute sind, fordert ein ganz neues Erkennen des christlichen Mysteriums. Dieses Erkennen einerseits und das Eindringen in das Verstehen des menschlichen Lebenslaufes andererseits zeigen oft bis ins einzelne, wie sehr der Lebenslauf mit dem Christusweg zu tun hat.

Der so begriffene Zusammenhang ist der Schlüssel, den der Mensch in der Hand hat, um sich selbst als Mysterienschüler zu erkennen. Damit ist auf die charakteristische Prägung des Lebens jener Menschen hingewiesen, die im Geistesleben der Menschheit führend zu wirken haben. Denn diese Biographien umschliessen das oft verborgene Abbild der Passion: Wo *das Kind* geboren wird, da lässt ein Herodes die Kinder umbringen; wo ein Mensch den Weg zur Kreuzigung aufnimmt, da schlafen die Jünger und verstehen nicht; wo er gesucht und verfolgt wird, da ist ein Judas, damit er gefangen genommen wird; wo er verteidigt werden müsste, da kennt ein Petrus ihn nicht; wo er als Unschuldiger vor Gericht steht, wird er zum Tode verurteilt und geschlagen und wo er stirbt, wird er verhöhnt. Sein Verhalten aber spricht die Worte der Liebe: Vergib ihnen, denn sie wissen nicht, was sie tun.

Das Ich des Menschen ist seine wirkliche geistige Wesenheit. Sie stammt aus der geistigen Welt – aus Gott geboren – und ergreift auf der Erde einen physischen Leib, um an ihm Bewusstsein des eigenen Selbstes im Kampf mit der Erdenschwere und der Finsternis zu entwickeln. Je mehr wahre Geisteskraft im Menschen geweckt worden ist – wie etwa in der Jesus-Zarathustra-Individualität –, desto grösser ist die von ihm ausstrahlende und den irdischen Leib als Hülle und Werkzeug durchwirkende Geistigkeit. Mehr und mehr wird der Mensch in seinen Handlungen und dadurch auch in seinem Lebenslauf *durchicht*.

Der Christus als das Ich des Kosmos stieg in einen Menschenleib hinein. Das geschah in der Jordantaufe, im 30. Jahr des Jesus von Nazareth. Er war das erste Wesen aus hoher Gotteswelt, ein Unsterblicher, der sich mit einer Hülle aus Erdenstoffen, einem sterblichen Leib umgab. Durch diesen erfuhr er die Erdenwelt: ihre Schwere, ihre Finsternis, ihre Abgefallenheit von den Reichen der Himmel und ihre zwingende Macht. Sein unsterbliches Welten-Ich lernte in einem sterblichen Leib «wie ein Mensch» zu leben, zu leiden und in Ohnmacht zu sterben. Das Darinnenstehen als Christus-Ich im Todesprozess und diesem dabei das Leben einzuprägen, so dass der Tod zum wahren Leben wurde, das ist das Ereignis von Golgatha, das Geheimnis des neuen Sterbens, die Auferstehung.

Es ist eine reale Anschauung des wahren Tatbestandes, wenn man eine Verwandtschaft sieht zwischen dem Ich des Menschen, das sich im Erdenleben verkörpert, und dem «Menschwerden des Gottes». Es weben daher tiefe Beziehungen zwischen Menschen-Ich und Christus-Ich: der Mensch, der über sich als göttliches Urbild für seine Entwicklung den Christus erlebt, nimmt ihn als den Bringer des Friedens und der Liebe auf.

Wenn man sich «in die Erdenmission einreiht», dann erwirbt man sich das Wissen um das Christus-Ich. Man erwirbt sich ebenso das Wissen um das Menschen-Ich in seiner ganzen kosmischen Evolution. Und man lernt die Erde als den Wohnort des Christus-Wesens kennen und verstehen, des Christus-Wesens, welches alle Erden-Naturgesetze vom Geiste her verändern wird. Damit steht man mitten in der Anthroposophie darinnen.

Diese Geist-Realitäten sind in den Worten aufgerufen, welche Rudolf Steiner zur Grundsteinlegung gesprochen hat: «dass dasjenige, was wir wollen, sich einreiht in das, was wir als die Erdenmission empfinden».

Neun Jahre nach der Grundsteinlegung:
Der Brand des Goetheanums

Am Silvesterabend, dem 31. Dezember 1922, nachdem Rudolf Steiner seinen Silvestervortrag im Goetheanumbau beendet hatte, wurde um 22 Uhr Brandgeruch festgestellt. Bald bemerkte man das Feuer, das in der Doppelwand der grossen Kuppel wütete, und um Mitternacht schlugen die Flammen hinaus in die dunkle Winternacht.

Im Bericht von Heinz Müller[17] erfährt man wichtige Details zu dieser Vernichtungstat. Viele Mitglieder berichten vom Verhalten Rudolf Steiners, seinen exakten Anordnungen in der Bekämpfung des Brandes und wie er die ganze Nacht über da und dort auftauchte, dabei war, beobachtete und Feststellungen machte. Bald sah man, dass nichts mehr gegen das Feuer getan werden konnte. Mit ungeheurem Getöse und hochauflodernden Flammen brach die Kuppel in sich zusammen. «Zehn Jahre Arbeit» war Rudolf Steiners einzige Äusserung. In der physischen Welt hatte der Feind erreicht, was er beabsichtigte: die Vernichtung jener Stätte, die für ein neues Verhältnis zur geistigen Welt begründet worden war. Er hatte aber nicht mit der Kraft des Willens, mit der Kampfeskraft des Geistes in Rudolf Steiner gerechnet: Am Morgen des neuen Jahres, am 1. Januar 1923 führte Rudolf Steiner – als ob er nicht eine Nacht der Zerstörung, des Unterganges, des Abgrunds wachend hätte durchstehen müssen – den schon vor Weihnachten begonnenen Zyklus fort über das Thema *Der Entstehungsmoment der Naturwissenschaft in der Weltgeschichte und ihre seitherige Entwicklung*[18].

Albert Steffen schrieb über die Weiterführung der Arbeit nach dem Brande durch Rudolf Steiner in seinem Buch *Begegnungen mit Rudolf Steiner*[19]: «Er gab uns allen eine Tatlehre. Keiner, der sie mit angeschaut, kann sie vergessen. Wenige Tage nach dem vernichtenden Brande veranstaltete er in der Schreinerei eine Eurythmie-Aufführung, in der trotz der seelischen Erschütterung und physischen Ermüdung, welche diese Tage mit sich gebracht hatten, eine der höchsten Kunst-

Die Brandstätte des ersten Goetheanums

leistungen vorlag, die ich je erlebt. Eine unerhörte Geistesfreiheit und Schöpfertugend musste in Rudolf Steiner leben, wenn er das Unglück, das ihn vernichten wollte, auf solche überlegene Weise zu meistern vermochte. Er stellte, um seine Mitarbeiter und Freunde stark zu machen, vor ihre Anschauung, was sie in jener grauenvollen Nacht innerlich erfahren hatten. Zuerst liess er den Monolog Faustens um Mitternacht vor ihrem Auge vorüberziehen. Vier graue Weiber treten auf, der Mangel, die Schuld, die Sorge, die Not; die Parzen des Todes, in Sack und Asche, vom Wüstenwinde bewegt. Mit innerlichem Beben hörte man die Worte:

‹Die Nacht scheint tiefer tief hereinzudringen,
Allein im Innern leuchtet helles Licht;
Was ich gedacht, ich eil' es zu vollbringen;
Des Herren Wort, es gibt allein Gewicht.›

Aber die Farben des Vergehens wurden abgelöst von denen des Werdens. Lichtere Gestalten in bläulichen und rötlichen Gewändern trieben sie wiederum von dannen.

‹Himmlischer Söhne
geistige Schöne
Schwankende Beugung
schwebet vorüber.›

Jeder, der Anthroposophie ernst nimmt, weiss: Die Übungen, denen sich der Mensch hingeben muss, wenn er in das Übersinnliche eindringen will, verlangen, dass er seine *Seele* zum Werkzeug macht, womit er forscht. Er muss sich selber objektiv gegenüberstehen können.
Hier war weit mehr getan. Hier war ein gewaltiger Verlust nicht nur ungeschwächt ertragen, sondern zum innerlichen Gewinn anderer gestaltet. Rudolf Steiner, dem sein Werk zerstört wurde, beschenkte weiterhin die Menschen[19].»
Trotzdem war diese Nacht an die Wurzel seiner physischen Existenz, an den Zusammenhalt seiner Gesundheitskräfte gegangen. Ob-

gleich er nicht nur die bisherige Arbeit, in der es schon kaum eine freie Minute gegeben hatte, weiterführte, sondern in einer Art seine Arbeitskraft und -fülle steigerte, die nicht mehr mit menschlichem Mass gemessen werden konnte, sah man seinem zerfurchten Antlitz ein unendliches Leiden und ein ganz verborgenes Ringen um seine physischen Kräfte an. Nach dem Brande vertraute er der Ärztin Dr. Ita Wegman an, dass er sich während des Feuers in der Silvesternacht für kurze Zeit habe zurückziehen müssen, um dagegen anzukämpfen, dass seine Lebenskräfte den Leib verliessen. Seitdem lebe er nur aus der Kraft und Macht seiner höheren geistigen Glieder, während sein Körper an sich eigentlich ein Leichnam sei. Ita Wegman schrieb in einem Aufsatz darüber:

«Mit der Zerstörung des Goetheanums auf dem physischen Plan wurden die geistigen Glieder Rudolf Steiners aus seinem physischen Leib gelockert, und so entstand die Möglichkeit, dass auch er ... uns auf dem physischen Plan verlassen würde... (So blieb er) als Mensch, der seine geistigen Glieder ganz in der geistigen Welt hatte und von dort aus seinen physischen Leib nur dirigierte[20].»

Rudolf Steiner schilderte seinen Zustand in einem Brief an Marie Steiner vom 15. Oktober 1924 auf folgende Weise: «Ich sagte Dir ja schon vor längerer Zeit, wie seit Januar 1923 die Verbindung der höheren Glieder meiner Wesenheit mit meinem physischen Körper nicht mehr voll war; ich verlor gewissermassen im Leben im Geistigen den unmittelbaren Zusammenhang mit meiner physischen Organisation. Nicht mit der physischen Welt. Im Gegenteil: die gesunde Beurteilungsmöglichkeit dieser wurde immer stärker und auch umfassender. Aber gerade weil im Geistigen auch für die physische Welt so alles ohne die geringste Beirrung abging, versuchen es die Gegenmächte mit dem physischen Leib[21].»

Während er in diesen Zeilen sich als streng-sachlicher Beobachter äusserte, fand er gegenüber dem Brand selber tief schmerzliche Worte. Wir kennen von ihm ein Gedicht, das in den *Wahrspruchworten*[22] abgedruckt ist:

Nach dem Brand des Goetheanum

Gedanke ward an Gedanken gewunden,
Im Schaffen freudig die Seele verbraucht,
In Formen die Empfindung gehaucht –
Und so der Geist der Kunst verbunden.

Willst du die Schmerzen wohl erkunden,
In die das Schicksal uns getaucht?
Gefühl ist in Flammen verraucht,
Schaffensglück hat ein Ende gefunden.

In Trümmer schaut das Auge.

Als Rudolf Steiner bald danach, im Januar 1923, in Stuttgart weilte,
waren die Mitglieder im Saal der Landhausstrasse zu einem Zweig-
vortrag versammelt. In völliger Stille erwarteten sie ihn, dann hörte
man seine Schritte langsam vom oberen Stockwerk herab zum Saal
kommen. Als er eintrat, erhoben sich alle von ihren Plätzen und gaben
so ihrem gemeinsamen Schmerz und ihrem Verbundensein mit ihm
Ausdruck. In dieser Lautlosigkeit ging er durch den Saal über die
wenigen Stufen zur Bühne hinauf und zu der Stelle, von welcher er
gewöhnlich seine Vorträge hielt. Die Mitglieder setzten sich und in
das Schweigen, das im Raume war, sprach er langsam den Satz: «Das
seit zehn Jahren im Bau begriffene Goetheanum in Dornach ist nicht
mehr[23].»

Dann hielt er seinen Vortrag, der unter dem Titel: *Worte des Schmerzes, der Gewissenserforschung, Worte zum Bewusstwerden der Verantwortlichkeit* veröffentlicht worden ist. In ruhiger und sachlicher Art
sprach er über die furchtbare Brandkatastrophe und über die Grösse
des Schmerzes, «für die es keine Worte gibt»: «Vielleicht wird man
gerade hier (in Stuttgart) doppelt all das durchempfinden können, was
die gesamte Anthroposophische Gesellschaft erleidet, indem sie diesen
Zentralbau verloren hat[23].»

Strenge Worte sprach Rudolf Steiner dann über die «stark verbrei-
tete Illusionsfähigkeit in unseren Kreisen», über die Notwendigkeit

einer starken, energischen Anthroposophischen Gesellschaft, die hinter einem Wiederaufbau stehen müsse, sonst sei er ohne Sinn! In ganz besonderer Weise jedoch muss sich heute unsere Seele mit den folgenden Worten, die in einer feierlich-hymnischen Sprache über das Wesen der Anthroposophie sich kundgeben, verbinden und immer wieder auf dieses «Geist-Gedicht» zurückkommen. Zehn Jahre nach der Grundsteinlegung von 1913 wird – aus dem Schmerz geboren – der Sprache anvertraut, wie Anthroposophie verbunden ist mit dem Wesen der Liebe selber. «Im Grunde ist ja der Dornacher Bau durch Liebe aufgebaut. Im Grunde ist er im Zeichen der Liebe zugrunde gegangen. ... In Dornach waltete, während ringsherum überall der Hass wütete (1914–1918), wirkliche Liebe und wurde in den Bau hineingebaut. *Es war jene Liebe, die aus dem Geiste kommt*[23].»

Nach diesen Wahr-Worten, die Quellworte aus dem Ursprung des Geistes sind, sollen diejenigen folgen, welche für sich eine besondere Stellung, nicht nur in diesem Vortrage, sondern als Weiheworte im ganzen Werke Rudolf Steiners überhaupt besitzen und als solche erkannt werden müssen. Sie lauten:

> «Ideen sind für Anthroposophie
> die aus Liebe gezimmerten Gefässe,
> in welche hereingeholt wird aus geistigen Welten
> auf geistige Art das menschliche Wesen.
> Von liebevoll geprägten Gedanken umhüllt
> soll leuchten durch Anthroposophie
> das Licht wahren Menschentums.
> Und Erkenntnis ist nur die Form,
> wie durch den Menschen
> die Möglichkeit gegeben werden soll,
> dass der wahre Geist aus Weltenweiten
> in menschlichen Herzen sich sammle,
> damit er von Menschenherzen aus
> die menschlichen Gedanken durchleuchten könne.
> Und weil wirklich Anthroposophie
> nur von der Liebe erfasst werden kann,

deshalb ist sie liebeschaffend,
wenn sie in ihrer wahren Art von Menschen ergriffen wird.
Deshalb konnte inmitten des wütenden Hasses
eine Stätte der Liebe in Dornach gebaut werden.
Und Worte,
sie werden auf anthroposophischem Gebiet
nicht so geprägt,
wie sonst in der Gegenwart Worte geprägt werden,
Worte werden geprägt,
indem sie alle eigentlich Bitten sind.
Jedes Wort in der Anthroposophie
ist im Grunde genommen,
wenn es in richtigem Sinne gesprochen wird,
eine Bitte, eine andächtige Bitte:
die Bitte,
dass der Geist zu den Menschen herabkommen möge[23].»

Die Worte, welche in dieser Vortrags-Stunde zu den Mitgliedern kamen – da es kein Wort gab, um die Grösse des Schmerzes über den Verlust des Goetheanums auszudrücken –, sind aus dem furchtbaren Schmerz selber geboren. Sie tragen die Gold-Aura ewiger Worte. Sie haben das Element der Liebe in sich, das einst an der Zeitenwende, durch den Tod, zu den Menschen strömte. Sie kommen mit der Sprachkraft, die dem Zeitgeist eignet, der der Bringer des Geistes der Erde ist.

Der Tat der Vernichtung, die vom Geiste der Finsternis inspiriert war, trat der Geist des Goetheanums, der Geist der Liebe entgegen. In den Worten, die Rudolf Steiner dem aus der physischen Welt weggenommenen Goetheanum widmete, lagen bereits die Keime der Weihnachtstagung: «Durch das Goetheanum ist tatsächlich von den Geheimnissen der geistigen Welt zu einer unbegrenzt viel grösseren Menge von Menschen gesprochen worden, gesprochen worden durch sichtbare Formen und das sichtbare Werk, als jemals früher hat gesprochen werden können durch das Wort... Und so konnte gerade durch das Goetheanum auch für Menschen, die nichts von der Anthroposophischen Gesellschaft wissen wollten, über die heilige Angelegenheit dieser Anthroposophischen Gesellschaft gesprochen werden[23].»

Elf Monate später, am 25. Dezember 1923, wurde der geistige Grundstein für diese «heilige Angelegenheit» in die Herzen versenkt.

Geistige Konstellationen

An der *Weihnachtstagung 1923,* die innerhalb der dreizehn heiligen Nächte stattfand, sind Dinge geschehen, auf denen ein innerer Blick ruhen sollte, um sie in ihrer Bedeutung gewahr zu werden und sie zu erkennen. Mit einer Frage soll auf etwas hingewiesen werden, das einen inneren Zusammenhang zwischen einem mehr äusseren Geschehen und einer geistigen Schau der Weihnachtstagung herstellt, um die es bei den gesamten Darstellungen hier geht. Die Frage lautet: *Wie hat Rudolf Steiner das Goetheanum an der Weihnachtstagung erwähnt und behandelt?*

Auf Grund einer Bemerkung, die ein Freund aus Wien, der Kaufmann van Leer, in der folgenden Art machte: «Es ist das Goetheanum hier erwähnt – wir haben aber kein Goetheanum!» gab er die Antwort, die alles in ein ganz neues Licht rückt und eine höchste spirituelle Realität in Beziehung auf das Goetheanum in den Vordergrund stellt. Er sagte: «Wir sind nicht der Ansicht, dass wir kein Goetheanum haben, . . . wir sind der Ansicht, dass wir keinen Bau haben, . . . aber dass das Goetheanum geblieben ist.» – «Ist es nicht doch wichtig, . . . gerade geltend zu machen, dass, wie überall so auch hier, wir das Geistige in den Vordergrund stellen? . . . Vor unserem geistigen Blick steht das Goetheanum da![1]»

Die so dezidiert ausgesprochene Tatsache, dass das *Goetheanum* existiere, wird durch andere Beispiele noch unterstrichen. Rudolf Steiner spricht vom *Vorstand am Goetheanum* oder von der *Freien Hochschule für Geisteswissenschaft Goetheanum, Dornach.*

Warum wird gerade darauf an der Weihnachtstagung ein solches Gewicht gelegt? Mit dieser Frage tönen wir etwas Ausserordentliches an, das kaum im Bewusstsein der Mitglieder gelebt hat und bedacht worden ist. Denn wir meinen die Tatsache, dass das *Goetheanum* vor dem Brande weder eröffnet noch jemals *eingeweiht* worden ist. Wohl hat Rudolf Steiner den ersten Hochschulkurs, welcher 1920 im Saal

des Goetheanums abgehalten worden war, durch eine besondere Rezitation eröffnen lassen, indem er aus dem dritten Mysteriendrama
Der Hüter der Schwelle die Rede des Hilarius, des Meisters und Lei-
ters des Mystenbundes, für diese Rezitation in verändertem Wortlaut
gegeben hatte, die in dem ersten Teil hier folgen soll:

«In jenes Geistes Namen, der den Seelen
In unsrem Strebensorte sich verkündet,
Erscheine ich in diesem Augenblicke
Vor Menschen, die von jetzt an hören wollen
Das Wort, das hier den Seelen ernst erklingt.
Nicht frühern Zeiten konnten jene Mächte,
Die unsres Erdenwerdens Ziele lenken,
In vollbewusster Art sich offenbaren.
Denn wie im Kinderleibe erst allmählich
Die Kräfte reifen müssen und erstarken,
Die zu des Wissens Trägern sind bestimmt,
So musste sich als Ganzes auch entfalten
Das Menschentum in seinem Erdenlauf.
In Dumpfheit lebten erst die Seelentriebe,
Die später würdig sich erweisen sollten,
Aus hohen Welten Geisteslicht zu schauen.
Doch wurden als der Menschen weise Führer
Im Erdbeginn dem Geist ergebne Seelen
Von höhern Daseinsmächten auserwählt.
Sie pflegten in des Wissens Streberorten
Die Geisteskräfte, die Erkenntnisstrahlen
In Seelen sandten, die nur dumpf bewusst
Von ihrem Schauen sich durchdringen konnten[22].»

Doch hatte er vorher in einer Ansprache an die Mitglieder wegen
des Hochschulkurses das folgende ausgeführt:
«Ich habe zum Schlusse noch zu verkündigen, dass am Samstag,
den 25. September – das ist also der Tag, bevor unser Herbstschul-
kursus beginnt –, dass an diesem 25. September um 8 Uhr abends hier

eine Vollversammlung sein soll aller Mitglieder, die hier sind. Es soll alles sich hier finden, was hier ist an diesem 25. September abends, damit wir hier die entsprechenden Vorbereitungen treffen können für alle die Honneurs, die wir zu machen haben gegenüber denjenigen, die als Nichtmitglieder zu diesem Hochschulkursus herkommen. Wir werden Ordner zu ernennen haben, die ein rotes Kräusschen, nicht wahr, ins Knopfloch bekommen, und dergleichen, die dann dafür zu sorgen haben, dass jeder seinen Platz findet drüben im Bau und so weiter, und so weiter. Allerlei Ämter wird man bekommen, die allerdings nicht so dauerhaft sein werden wie in der Aussenwelt, aber ehrenhafter in mancher Beziehung und so weiter, und so weiter, also damit wir uns hier vorbereiten können. Nicht wahr, wir sind ja diejenigen, die die Höflichkeiten dann, wenn Gäste kommen, nur so ausstreuen müssen; damit wir alles das tun können, was die Artigkeit verlangen wird gegenüber den ankommenden Gästen, wollen wir uns am Samstag, den 25. September 8 Uhr abends versammeln.

Auf eines möchte ich noch aufmerksam machen, damit nicht unter unseren Mitgliedern Dinge entstehen, die dann wiederum zur Verwirrung der Welt gegenüber führen: *Am 26. September ist nicht eine Eröffnung etwa unseres Goetheanums, sondern nur eine Eröffnung unseres Hochschulkurses. Die Eröffnung des Goetheanums liegt weit in der Zukunft draussen. Es ist noch notwendig, dass die Welt viel intensiveres Verständnis entgegenbringt dem, was hier geschieht, wenn einmal das Goetheanum wirklich eröffnet werden soll.* Nur weil wir keinen anderen Raum haben für unsere Hochschulkurse, sollen diese in dem Raume drüben abgehalten werden. Wir wollen also das unvollendete Goetheanum zum Abhalten dieses Hochschulkurses benützen. Das übrige alles entnehmen Sie ja aus den Ankündigungen[24].»

Was Rudolf Steiner mit den mahnend-ernsten Sätzen aussprach, «damit nicht unter unseren Mitgliedern Dinge entstehen, die dann wiederum zur Verwirrung der Welt gegenüber führen: Am 26. September ist nicht eine Eröffnung etwa unseres Goetheanums ... die Eröffnung ... liegt weit in der Zukunft draussen», zeigt uns mit Deutlichkeit, dass und wie er sich über die Eröffnung im Sinne einer Einweihung Gedanken gemacht hatte, dass nämlich das nicht vorhanden war, was für die Einweihung eine Voraussetzung bilden musste: das spirituelle Echo auf das Goetheanum als Mysterienort. Darüber äusserte er sich in einem Aufsatz, der am 18. März 1923 in der Zeitschrift *Das Goetheanum* erschien unter dem Titel *Das Goetheanum in seinen zehn Jahren:*

«Aber in einer merkwürdigen Harmonie mit diesem Baugedanken des Goetheanums empfinde ich heute, was sich damals in mir sträubte, das Goetheanum selbst festlich zu eröffnen, als in ihm die erste Veranstaltung eingerichtet wurde. Es konnte eben das Programm jener Vortragsreihe nicht zum Anlass eines solchen Festes genommen werden. Das sollte erst dann stattfinden, wenn einmal eine Veranstaltung möglich geworden wäre, deren Ganzes mit der ursprünglichen Bauidee vollkommen im Einklang gestanden hätte. Es ist nicht dazu gekommen. Das Goetheanum ist vorher hinweggestorben. In den Herzen derer, die es geliebt haben, ist eine dauernde Trauerfeier geworden[25].»

Etwas später heisst es in demselben Aufsatz: «Wenn nun auch *die* Eröffnungsfeier, die Baugedanke und Veranstaltung des Goetheanums in vollem Einklange geoffenbart hätte, uns nicht möglich geworden ist, so konnten doch im Verlaufe von mehr als zwei Jahren nach den verschiedenen Seiten hin Versuche gemacht werden, die anthroposophische Geistesart zur Wirksamkeit zu bringen... Ende September und Anfang Oktober (1921) versammelten sich im Goetheanum eine Anzahl deutscher Theologen, die den Impuls zu einer christlich-religiösen Erneuerung in sich trugen. Was hier erarbeitet wurde, fand einen Abschluss im September 1922. Ich selbst muss, was ich mit diesen Theologen in dem kleinen Saal des Südflügels, in dem später der Brand zuerst entdeckt worden ist, im September 1922 erlebt habe, zu den Festen meines Lebens rechnen. Hier konnte mit einer Reihe edelbegeisterter Menschen der Weg gegangen werden, der Geist-Erkenntnis in das religiöse Erleben hineinführt[25].»

Sehr deutlich wird man in der nächsten Stelle eines Vortrages, der am 15. April 1922 in London gehalten worden ist, auf die gemeinsame Quelle des Lebens, aus dem die übersinnlichen Ideen ebenso wie die Goetheanum-Formen geschöpft sind, hingewiesen:

«So trifft man denn in Dornach im Goetheanum architektonische Formen an, die herausgeschöpft sind aus demselben Leben, aus dem die Ideen über das Übersinnliche geschöpft sind, wie sie durch das Wort verkündet werden. So ist alles, was man in Dornach finden kann an Bildhauerei, an Malerei, von einem neuen Stil getragen, aus dem im modernen Leben die Anthroposophie herausgeboren sein soll. Wer diese Freie Hochschule für Geisteswissenschaft besucht, der wird finden, dass auf der einen Seite von ihrem Podium herunter in Worten die anthroposophische Weltanschauung verkündet wird, dass aber die Bauformen, die malerischen Kunstwerke, dasselbe ausdrücken auf künstlerische Weise, was ausgedrückt wird durch das Wort[26].»

Rudolf Steiner nannte die Vernichtung des Goetheanums durch den Brand ein *Hinwegsterben*. Das ist ein Begriff, den man nur für etwas, was lebendig ist, gebrauchen kann. Ein lebloses Gebäude kann nicht *hinwegsterben*. Da aber dieses Wort mit vollem Bedacht gewählt oder gesetzt worden ist, müssen sich Gedanken darüber entwickeln, die einen ganz ungewöhnlichen Weg gehen, um sich eine Vorstellung zu erschliessen, die kaum bisher in die Seelenwelt hereingeholt worden ist.

Die klare und direkte Konsequenz des Satzes «das Goetheanum ist vorher hinweggestorben» kann nicht anders als so lauten: *also hat es als lebendiges Wesen vorher existiert*! Im geisteswissenschaftlichen Sinne heisst das aber, dass zu einem physischen äusseren Leib auch ein Ätherleib gehört haben muss. Ein Ätherleib ist mit allem, das lebt, eng verbunden, auch mit dem Kosmos. Seine Gesetze hängen mit dem geistigen Äther-Kosmos zusammen, und wenn dieser in die irdische Welt hereingeholt wird, dann sind sie kosmischer Art. *Kosmos* heisst *Schönheit* und eine ätherisch-lebendige Schönheit muss daher in allen unmittelbar aus der Welt des Ätherischen geholten Formen sichtbar werden. Das Goetheanum hatte Formen des Lebendigen, die auf alles reagierten, was im Bau selber vor sich ging: sie nahmen auf oder sie lehnten ab. Darüber äusserte sich Rudolf Steiner in verschiedenen Vorträgen:

«In Dornach ist der Versuch gemacht, dieses Lebendige soweit zu treiben, dass man wirklich das blosse Dynamische, Metrische, Sym-

metrische früherer Bauformen übergeführt hat in das Organische...
es ist nur der Versuch gemacht, sich einzuleben in das organisch
schaffende Prinzip der Natur» (29. 6. 1921)[27].

«Die Freunde, welche zum Beispiel Eurythmievorstellungen im
Dornacher Goetheanumbau gesehen haben, sie werden wohl den Eindruck bekommen haben, wie gewissermassen alles dasjenige, was aus
der inneren Architektur und aus der Innenbildlichkeit des Zuschauer-
raumes, des Bühnenraumes antwortete auf die Bewegungen der
Eurythmie, in innigster Harmonie mit diesen Bewegungen stand. Man
konnte wohl den Eindruck haben, dass aus den Bau- und plastischen
Formen heraus die Bewegungen der Menschen auf der Bühne selber
geboren werden. Stand man am Podium und sprach man so recht herzlich aus dem anthroposophischen Geiste heraus, so war jede Linien-
führung, jede Formgestaltung dasjenige, was einem entgegenkam, was
mitsprach. Das war angestrebt worden... Und darum ist es so, dass
derjenige, der seine Arbeit an dieses Dornacher Goetheanum gewendet
hat, die Empfindungen, die er hineingelegt hat in diese Arbeit, mit von
den Flammen, die da sengten am Silvesterabend, selbst verzehrt findet»
(27. 2. 1923)[23].

Im zweiten Band der Karmavorträge behandelt Rudolf Steiner eine
ganz besondere Wirkung, die vom *Goetheanum* ausgeht. Am 27. April
1924 weist er darauf hin, wie die heutige Menschheit nicht empfäng-
lich sei für die Schicksalsfrage. Man denke über die Ereignisse, die
sich auf verschiedene Weise im Leben eines Menschen zutragen würden, nicht weiter nach. So unempfänglich und unempfindlich für die
Schicksalsfrage sei jedoch die Menschheit nicht immer gewesen. Denn
in verhältnismässig nicht weit zurückliegenden Zeiten habe man noch
empfunden, dass die Schicksalsschläge aus anderen Welten herein-
kämen, ebenso dasjenige, was man sich selber als Schicksal mache. –
Was heute in dieser Beziehung zu beachten ist, gehört einer besonderen
Seite geisteswissenschaftlicher Psychologie an, nämlich der Neigung
des Menschen, nur noch in die Natur hinauszuschauen.

«Wenn der Mensch immer nur in die Natur hinausschaut, kommt
er *seelisch* in bezug auf das Wahrnehmen herunter. Er bekommt die
Auszehrung, die seelische Auszehrung für seine Sinnenwelt[28].»

68

Das Heilmittel gegen die Schäden, die organisch im Menschen durch das blosse Hinausschauen in die Natur entstehen, war einst die *Tempel-Architektur*. Sie bewahrte vor der Auszehrung durch die Sinne und brachte ihn wieder an sein Inneres heran.

«Gehen Sie mit dem im Leben herum, gehen Sie herum mit einer durch Imagination vertieften Innenkenntnis und mit einem durch äussere architektonische Formen, die nun wirklich aus dem Menschlichen heraus erbaut sind, geheilten Sinnesempfinden, dann bekommen Sie die Empfindung, wie sie die älteren Menschen gehabt haben für die Schicksalsschläge. Wenn man das ausbildet, was zwischen diesen beiden liegt, zwischen Empfindung des wahrhaft Architektonischen und Empfindung des wahrhaft symbolisch nach innen Gehenden, dann empfindet man die Empfänglichkeit für die Schicksalsschläge. Man empfindet das, was geschieht, als herüberkommend aus früheren Erdenleben...

Aber sehen Sie, es handelt sich ja wirklich darum, dass real in der anthroposophischen Bewegung gedacht wird. Die dem heutigen modernen Menschen angemessene Architektur, die seinen Blick in der richtigen Weise abfangen könnte und die sein naturalistisches Schauen, das ihm das Karma verdeckt und verfinstert, allmählich in die Anschauung hätte hereinbringen können, die stand da draussen in einer gewissen Form da. Und dass innerhalb dieser Formen wiederum gesprochen wurde in anthroposophischen Auseinandersetzungen, das gab die Innenschau. Und unter allem anderen, was schon hervorgehoben worden ist, war gerade dieses Goetheanum, dieser Goetheanumbau mit der Art und Weise, wie in ihm immer mehr und mehr Anthroposophie getrieben worden wäre, die Erziehung zum karmischen Schauen. Diese Erziehung zum karmischen Schauen, sie muss in die moderne Zivilisation herein[28].»

In seiner Begrüssungsansprache für die Teilnehmer des Weihnachtskurses für Lehrer am Goetheanum, welcher vom 23. Dezember 1921 bis 7. Januar 1922 gehalten wurde, fand Rudolf Steiner gleich am Beginn die Gruss-Worte:

«Aber Sie alle begrüsse ich auf das herzlichste aus dem ganzen Geist und dem Sinn unserer Bewegung heraus. Und, meine Damen und

Herren, es ist ja hier so, dass nicht nur eine einzelne Persönlichkeit Sie begrüsst, sondern dass Sie vor allen Dingen hier der Bau, das Goetheanum selber begrüsst[29].»

Diese Reihe von Äusserungen Rudolf Steiners, denen noch viele andere hinzugefügt werden könnten, erwecken den Eindruck, dass dem Goetheanum die Züge eines Wesens eigneten, dem Achtung und Ehrfurcht entgegengebracht werden sollte. Schon gleich im ersten Jahr des Bauens, im Juli 1914, kommt einem aus Rudolf Steiners Worten das Geheimnis des Lebens, die Beziehung des Baues zum Ätherleib des Menschen entgegen. Die besondere Ätherhülle, welche die alten wahren Mysterienstätten umgeben hatte, war hier von Anfang an vorhanden. Es verdichtet sich immer mehr die Empfindung einer tiefgehenden ätherischen Beziehung zwischen Bau und Baumeister, die als Hülle wie eine Notwendigkeit gewoben werden musste, um die höchsten Impulse einer neuen Mysterienstätte aufnehmen und empfangen zu können. Der Vernichtungsbrand, das Hinwegsterben dieses Baues musste daher eine tiefe Wirkung, einen furchtbaren Schlag auf die physische und ätherische Hülle des Baumeisters zur Folge haben. Das konnten nur diejenigen wahrnehmen, welche die Mysterien-Geheimnisse des Dornacher Hügels ahnten.

Aber die Vernichtung des Goetheanums blieb nicht das einzige Werk der Strömung, die aus Finsterniskräften gelenkt wurde und unaufhörlich gegen alles, was Geisterkenntnis ist, verbissen ankämpfte. Das Jahr nach dem Brande, 1923, offenbarte das Zerfallen der anthroposophischen Gesellschaft in der bisherigen Form. Es gab keine spirituelle und geistig wache Führung der anthroposophischen Gesellschaft, die der Fülle anthroposophischer Geistesforschung durch ein entsprechendes grosses Format und Können in der Gestaltung der Gesellschaftsangelegenheiten gewachsen gewesen wäre. Denn Rudolf Steiner als Geistesforscher und Lehrer der Anthroposophie hatte mit der Führung nichts zu tun. Indem Rudolf Steiner während dieses einen Jahres in Europa von Land zu Land reiste, um die einzelnen Landesgesellschaften zu bewegen, sich eine deutliche Form und Führung zu geben, musste er tiefe Einblicke in die begrenzten Möglichkeiten der Mitgliedschaft tun, eine Gemeinschaft bewusst zu formen und zu bilden.

Denn die Gemeinschaftsbildung braucht ein ausserordentliches, *Gemeinschafts-* *bildung* waches Bewusstsein und bedarf einer strengen Disziplin gegenüber dem persönlichen Geltungsbedürfnis, das so oft die grösseren Aufgaben verunmöglicht. Es musste erkannt werden, wie sehr Gemeinschafts- bildung untrennbar mit der inneren moralischen Schulung verbunden ist.

Die schmerzlichen Erkenntnisse, die sich daraus ergaben, führten zu seinem Entschluss, die *Allgemeine Anthroposophische Gesellschaft* unter seinem Vorsitz zu gründen und ihren Zentralsitz am Goetheanum in Dornach zu errichten. Damit waren der Aufbau der Gesellschaft, ihre Führung und Gestaltung ganz in die Hände desjenigen überge- gangen, der sie allein aus den Bedingungen formen konnte, die aus dem Geiste selber kamen. Dadurch war ein inniger, kongruenter Zu- sammenklang des Wesens der Anthroposophie mit der irdisch erschei- nenden Form der Gesellschaft von Anfang an gegeben. Die Form war demnach selber Anthroposophie. Man könnte sagen, dass an der *Weihnachtstagung* in Dornach, wo die geistige Grundsteinlegung der Anthroposophischen Gesellschaft stattfand, sich eine Inkarnation des Geistwesens Anthroposophie in die Hülle der Gesellschaft vollzogen habe.

Bei der Gestaltung des Goetheanumbaues stand Rudolf Steiner immer vor Augen, in diesem eine lebendig-künstlerische, eine wie organisch bewegte Form zu schaffen, die aus ihrem eigenen *Leben* heraus, wie ein Wesen, sich im Bau selber darstellte. Man wird zu der Tatsache hingeführt, dass zwischen dem Geist des Baues und seiner äusseren Erscheinung ein Verhältnis besteht wie zwischen dem Nuss- Kern und der Nuss-Schale: das Äussere geht aus dem Wesen des Inneren hervor. Man könnte auch den Menschen selbst als Vergleich heranziehen: die *geistige Individualität* des Menschen – sein Kern – schafft sich in seiner Gestalt die *architektonisch-lebendige Hülle* seines Wesens wie eine *Schale*.

Wie musste nun der Architekt einer so aus dem Prinzip des inneren Geistes erstellten Baugestalt, die auf einmalige Weise das Zusammen- stimmen von Innen und Aussen zeigte, an die neue Aufgabe heran- gehen, nämlich eine *Anthroposophie-Gesellschaft* zu formen, in welcher das Urprinzip der Schöpfung ebenfalls bestimmend werden sollte?

Wie musste das Wesen *Anthroposophie* selber sagen, wie es eine *Gesellschaft* haben wollte, in deren Form es lebendig, initiativ, schöpferisch leben konnte, ohne daran durch erstarrte Formprinzipien, Bürokratismen, Vereinsplatitüden usw. gehindert zu werden?

Das eben versuchte Rudolf Steiner kompromisslos spirituell so zu lösen, dass auf der einen Seite eine wirklich klare Form und Kompetenz der Gesellschaftsführung geschaffen, auf der anderen Seite aber immer angestrebt wurde, täglich geistig lebendig *ohne Tinte* zu regieren. «Es musste mit allem Vereinsmässigen gebrochen werden», und «ein Wählen ist in der anthroposophischen Gesellschaft unmöglich», waren seine dezidierten Formulierungen. Das Verschmelzen vom Geisteskern der Anthroposophie mit der Gesellschaftseinrichtung in eine Einheit oder eine Zusammenfassung aller Mitglieder zu einer *Anthroposophischen Gesellschaft* war an der Weihnachtstagung das spirituelle Ziel. Diese Einheit war das Existenzproblem der Gesellschaft und ist es seither geblieben. Dahinter verbirgt sich im Grunde eine Aufgabe der Menschheitsführung überhaupt. Man muss sich z.B. daran erinnern, dass es in der alten lemurischen Zeit der Erden-Menschheitsentwicklung dazu kam, dass die Körperlichkeit oder der physische Leib des Menschen für die damaligen Seelen eine solche Art von Zähigkeit, Verhärtung und Unplastizierbarkeit angenommen hatte, dass er für die Seelen auf Erden eine unbrauchbare Leibeshülle geworden war. Sie zogen sich also auf andere Orte im Kosmos zurück, auf die verschiedenen Planeten, um abzuwarten, ob sich für die Inkarnationen im Irdischen wieder weiche und bildsame Körper neu anbieten würden. Das geschah dadurch, dass der Träger der Verhärtungsimpulse des Physischen – der Mond – aus der Erde herausgelöst wurde und jene Bahn um die Erde angewiesen bekam, die keine Störung für die Entwicklungsaufgabe der Menschheit mehr bedeutete. Dieser grandiose kosmische Vorgang, einer Weltentherapie vergleichbar, ist wie ein Urbild gegenüber der Tendenz und Gefahr jeder Verhärtung geblieben. Man ahnt auch an der Bildung der Anthroposophischen Gesellschaft, wie alles vorgekehrt wurde, was einer eventuellen Untauglichkeit der Hüllennatur, spirituelle Impulse aufzunehmen und ihnen zu dienen, vorbeugen konnte. Alles wurde getan und in die Gemüter, in die Herzen der Mitglieder eingepflanzt, dass sie ja durchlässig für das Geistige, für die Anthroposophische Bewegung sein sollten. Daher lauten ganz zentrale Sätze in der Eröffnungsansprache Rudolf Steiners am 24. Dezember 1923[1], wie zur unvergesslichen Einprägung den Seelentiefen zugerufen:

«Und nicht aus irdischer Willkür, sondern aus der Befolgung des Rufes, der aus der geistigen Welt heraus erklungen hat, nicht aus irdischer Willkür, sondern im Anblick der grossartigen Bilder, die aus der geistigen Welt heraus sich als die neuzeitlichen Offenbarungen ergaben für das Geistesleben der Menschheit, daraus ist der Impuls für die anthroposophische Bewegung erflossen. Diese anthroposophische Bewegung ist nicht ein Erdendienst, diese anthroposophische Bewegung ist in ihrer Ganzheit mit all ihren Einzelheiten ein Götter-, ein Gottesdienst.

Anknüpfen wollen wir heute an dasjenige, woran wir so sehr gern angeknüpft hätten schon 1913[30]. Da wollen wir den Faden wiederum aufnehmen, meine lieben Freunde, und wollen als obersten Grundsatz in unsere Seele einschreiben für die anthroposophische Bewegung, die ihre Hülle haben soll in der Anthroposophischen Gesellschaft, *dass alles in ihr geistgewollt ist,* dass sie sein will eine Erfüllung desjenigen, was die Zeichen der Zeit mit leuchtenden Lettern zu den Herzen der Menschen sprechen. Nur, wenn wir in dieser Art die anthroposophische Bewegung in uns selbst zu unserer tiefsten Herzensangelegenheit machen können, wird die Anthroposophische Gesellschaft bestehen. Wenn wir das nicht können, wird sie nicht bestehen.

Ich möchte darauf aufmerksam machen, dass, wenn diese Versammlung in der rechten Weise verläuft, wenn diese Versammlung sich so recht bewusst wird, wie Geistig-Esoterisches die Grundlage all unseres Wirkens und Wesens sein muss, jene geistigen Samen, die überall da sind, erwärmt von Ihrer Stimmung und Ihrem Enthusiasmus, dann werden aufgehen können.

Bereiten Sie, meine lieben Freunde, Ihre Seelen, dass diese Seelen aufnehmen diese Samen; denn Ihre Seelen sind der rechte Grund und Boden zu dem Keimen, zu dem Entfalten, zu dem Entwickeln dieser Geistessamen. Und die sind die Wahrheit[1].»

Wie liesse sich also eine anthroposophische Gemeinschaft bilden, die ein in Geist und Seele umgesetztes *Goetheanum* wäre? Man hätte als Antwort darauf die Bildung und die Vorgänge der Weihnachtstagung vor sich. Der Geist, der darin führend und als kosmische Künstlerwesenheit die neue *soziale* Schöpfung herstellte, er wäre eben der Geist des Goetheanums, der Geist der neuen Mysterien.

Wenn dieses so formuliert wird, kann es sich nicht bloss um eine Analogie, um ein Gleichnis zwischen Goetheanumbau und Anthroposophischer Gesellschaft handeln. Der Zusammenhang zwischen dem Goetheanum und der ganzen Handlung, Durchführung und Substanz der *Weihnachtstagung* beruht auf einer unendlich tiefen und ergreifenden geistigen Wirklichkeit. Diese Wirklichkeit muss vor das innere Auge gestellt werden, und zwar so stark und den Geist erfüllend, dass man das Unsichtbare in seiner Weltenwirkung sehen lernt.

Am Abend des 1. Januar 1924 spricht Rudolf Steiner vom Strome der geistigen Wirklichkeit:

«Denn wahr ist es ja: Was in richtiger Art impulsieren muss dasjenige, was nunmehr von Dornach ausgehen soll, das muss, wie ich in diesen Tagen von den verschiedensten Gesichtspunkten aus betonte, ein Impuls sein, nicht auf der Erde entsprossen, sondern ein Impuls, entsprossen in der geistigen Welt. Wir wollen hier die Kraft entwickeln, Impulsen aus der geistigen Welt zu folgen[1].»

Dann führte er wieder zu der Bitte zurück, mit der er am 24. Dezember die Tagung begonnen hatte, indem er am neunten Tage dasselbe noch einmal bekräftigte:

«Denn wichtiger als alles übrige, was wir mitnehmen, wird sein die Stimmung, die wir mitnehmen, die Stimmung für die geistige Welt, die Gewissheit gibt: In Dornach wird ein Mittelpunkt geistiger Erkenntnis geschaffen werden[1].»

Als dann am Ende der Tagung ein Mitglied ihm in bewegten Worten den Dank aller aussprach: «Denn wir verdanken dem, der heute abend zu uns sprach, nichts Geringeres als unser geistiges Lebensglück...» – da antwortete ihm Rudolf Steiner durch ein alles umfassendes Wort über den Geist des Goetheanums:

«Was hier geschehen ist, ich weiss es, ich durfte es sagen, denn es ist gesagt worden unter voller Verantwortung *im Aufblicke zu dem Geist, der da ist und sein soll und sein wird der Geist des Goetheanum.* In seinem Namen habe ich mir in diesen Tagen manches Wort zu sprechen erlaubt, das nicht so stark hätte ausfallen dürfen, wenn es nicht im Hinaufblick zu dem Geiste des Goetheanums, zu dem guten Geiste des Goetheanums gesprochen worden wäre. Und so lassen Sie mich denn auch diesen Dank entgegennehmen im Namen des Geistes des Goetheanums, für den wir wirken, streben, arbeiten wollen in der Welt[1].»

Der Geist des Goetheanums! In welcher Dichte der Realität steht er durch diese Worte doch da. Wie hörte man es bis ins kleinste diesen Sätzen an, was Rudolf Steiner dabei selber sah! Und was war das? Er führte uns selber zu dem «Geiste des Goetheanums» hin, als er am Silvesterabend während der Weihnachtstagung über den Zusammenhang zwischen dem Brand von Ephesus (356 v. Chr.) und dem Brand des Goetheanums sprach:

«In Ephesus die Götterstatue, hier im Goetheanum die Menschenstatue, die Statue des Menschheits-Repräsentanten, des Christus Jesus, in dem wir gedachten, *uns mit ihm identifizierend,* in aller Demut so zur Erkenntnis aufzugehen, wie einstmals in ihrer Art, auf eine heute der Menschheit nicht mehr völlig verständliche Art, die Schüler von Ephesus in der Diana von Ephesus aufgingen[1].» – «Es war schon in diesem Goetheanum für den, der empfinden konnte, eine Erinnerung an den Tempel von Ephesus zu sehen[1].»

Dieser Abend schloss dann mit einem Gelöbnis, das Rudolf Steiner, jetzt als Vorsitzender, in dem die Anthroposophische Bewegung mit der Anthroposophischen Gesellschaft identisch geworden war, feierlich formulierte:

«Würdig werden wir nur durch dasjenige, das uns immerhin auferlegt ist dadurch, dass wir dieses Goetheanum bauen durften, wenn wir uns heute in der Erinnerung das Gelöbnis ablegen, jeder vor dem Göttlich-Besten, das er in der Seele trägt, treu zu bleiben den geistigen Impulsen, die ihre äussere Form in jenem Goetheanum gehabt haben. Dieses Goetheanum konnte uns genommen werden. Der Geist dieses Goetheanums kann uns, wenn wir wirklich ehrlich und aufrichtig wollen, nicht genommen werden[1].»

In tiefer Ergriffenheit wurde im Innersten von jedem dieses Gelöbnis der Treue zu einem unverbrüchlichen Treue-Schwur Rudolf Steiner und dem *Goetheanum* gegenüber. Diese Willens-Entschlossenheit war so unbedingt, dass sie auch in ein nächstes Erdenleben wie ein esoterischer Leitstern zu leuchten und zu wirken vermag.

Dieses Treue-Gelöbnis vor allem war das Fundament und lebte als Unbeirrbarkeit im Erfüllen ihrer Aufgaben in den Persönlichkeiten, die als der Gründungsvorstand um Rudolf Steiner versammelt waren.

Wenn in späteren Zeiten vielleicht jemand sagen sollte, dass die «Weihnachtstagung» nicht gelungen sei, dann kann der Betreffende eigentlich niemals etwas von dieser Weihe-Stunde mit dem Gelöbnis zur Treue gewusst haben. Viele haben daran festgehalten durch ihr ganzes Leben hindurch, unverbrüchlich – aber einer vor allen, denn auch er stand in diesem Geloben darinnen. Dieser eine war Rudolf Steiner.

Das Übersinnliche der Weihnachtstagung

Die Vertiefung in die Weihnachtstagung, die ein inneres Verweilen und Besinnen in bezug auf alle Vorgänge und besonders die Ansprachen Rudolf Steiners während der neun Gründungstage verlangt, hinterlässt Eindrücke, die sich im Laufe der Jahre zusammenschliessen und allmählich das Bild eines Ereignisses vor die Seele hinstellen, das sich kaum überschauen lässt. Jede Aussage darüber, was sich damals vollzogen habe, ist Ausdruck des jeweiligen begrenzten Bewusstseins und ihm angemessen. Der Weg zu grösserer und reiferer Erkenntnis steht daher jederzeit offen.

Das Programm, das den Verlauf der Tagung anzeigte, war mit *Gründungs-Versammlung* überschrieben. Und für den zweiten Tag, den 25. Dezember, hiess es *Grundsteinlegung der internationalen Anthroposophischen Gesellschaft durch Dr. Rudolf Steiner.* Was war nun aber diese *Grundsteinlegung* und mit ihr die *Gründungs-Versammlung?* Vom ersten Moment der Tagung an war alles ein reines Geist-Geschehen: Der *Grundstein* war eine dreiteilige Meditation über das Wesen des Menschen, mit einer Schau auf die Zeitenwende. Die Grundstein-Sprüche sind aus dem Welten-Wort heraus gehört und empfangen worden. Der Boden, in den der *Grundstein* versenkt wurde, waren die Herzen der Anwesenden. Die Grundsteinlegung brauchte als Boden die Herzen in ihrem harmonischen Zusammenwirken, in ihrem von Liebe durchdrungenen Willen, gemeinsam das anthroposophische Wollen durch die Welt zu tragen.

Der dodekaedrische Grundstein wird «in diesem Augenblicke» geformt in unseren Seelen aus drei Kräften: dem Geist der Höhe, der Christus-Kraft des Umkreises und aus der Vater-Wirksamkeit aus der Tiefe.

Die Grundsteinworte sind «mit dem Willen der geistigen Welt gesprochen» worden.

Der Grundstein hat seine Substanz aus Welten-Menschen-Liebe, seine Gestaltung aus Welten-Menschen-Imagination, sein Glanzeslicht aus Welten-Menschen-Gedanken.

Die Atmosphäre in dem überfüllten Schreinereisaal zur Winterszeit war von alles erwärmender Herzkraft, von grösster Innerlichkeit, von alles überstrahlender Begeisterung, von eiserner Entschlusskraft und energischem Durchhaltewillen. Es war der Wärme-Kosmos eines Neubeginns, ein neuer *Saturn*.

Die geistigen Wesen, welche in reiner Geistesverfassung diese Handlung aufnahmen, das waren *die Iche der* anwesenden *Menschen* selber, die sich in die Sphäre des Geistselbst erhoben, und die eine unverbrüchliche Schicksalsverbindung mit der anthroposophischen Bewegung, die mitten unter ihnen anwesend war, eingingen.

Das *geistige Goetheanum* in neuer kosmischer Erlebniskraft war anwesend.

«Michael will in der Zukunft seinen Sitz aufschlagen in den Herzen, in den Seelen der Erdenmenschen» lautete später ein Wort Rudolf Steiners. Hier war es Wirklichkeit geworden.

Und eine andere Äusserung, vor der Weihnachtstagung gesprochen, hatte sich ebenfalls verwirklicht: «Wir müssen uns da um so mehr, als dieses äussere Zeichen (das Goetheanum) dahin ist, widmen dem Ergreifen der inneren Kräfte und inneren Wesenhaftigkeiten der anthroposophischen Bewegung und desjenigen, was mit ihr für die ganze Entwickelung der Menschheit zusammenhängt[31].»

In einer bisher nie erlebten Weise war in dem kärglich-armselig-provisorischen Schreinereisaal etwas entstanden, was Rudolf Steiner am 27. Februar 1923 – man möchte sagen wie vorausnehmend das geistige Geschehen an Weihnachten – so schilderte:

«Wenn wir tatsächlich imstande sind, durch die lebendige Kraft, die wir hineinlegen in die Gestaltung der Ideen vom Geistigen, etwas von einem Erweckenden zu erleben, etwas von dem, was nicht bloss das sinnlich Erlebte so idealisiert, dass das Ideal ein abstrakter Gedanke ist, sondern so, dass das Ideal ein höheres Leben gewinnt, indem wir uns in es hineinleben, dass es das Gegenbild des Kultus wird, nämlich das Sinnliche ins Übersinnliche hinauferhoben. Das können wir auf gefühlsmässige Weise erreichen, wenn wir uns angelegen sein lassen, überall dort, wo wir Anthroposophisches pflegen, diese Pflege von durchgeistigter Empfindung zu durchdringen, wenn wir verstehen, schon die Türe, schon die Pforte zu dem Raum – und mag er sonst ein noch so profaner sein, er wird geheiligt durch gemeinsame anthroposophische Lektüre – als etwas zu empfinden, was wir mit Ehrerbietung übertreten[23].»

Wir müssen es zu innerem Erleben bringen können, «dass in einem Raume, wo wir Anthroposophie treiben, wir nicht nur dasitzen als so und so viele Menschen, die aufnehmen das Gehörte ... und es in ihre Gedanken verwandeln, sondern dass durch den ganzen Prozess des Aufnehmens anthroposophischer Ideen ein wirkliches real-geistiges Wesen anwesend wird in dem Raume, in dem wir Anthroposophie treiben ..., wir müssen lernen, mit unseren Seelen, mit unseren Herzen durch unsere innere Seelenverfassung übersinnlich anwesend sein zu lassen eine wirkliche Geistwesenheit in dem Raume, in dem das anthroposophische Wort ertönt ..., dass wir uns so fühlen, als schaute herunter auf uns und hörte uns an ein Wesen, das über uns schwebt, das real-geistig da ist. Geistige Gegenwart, übersinnliche Gegenwart müssen wir empfinden, die dadurch da ist, dass wir Anthroposophie treiben[23].»

Wenn man nun alle diese einschneidenden, die geistigen Realitäten kennzeichnenden Worte Rudolf Steiners, die wir in Beziehung zur Weihnachtstagung gebracht haben, überschaut, dann enthüllen sie sich als geistige Wegweiser, um die Wege zu zeigen, die uns die Weihnachtstagung in ihrem wahren Menschheitsgeschehen erahnen lassen. In diesen neun Tagen hat sich in der Schreinerei etwas zugetragen, das von Anfang bis zu Ende in der geistigen Welt selber stattfand. Die *Weihnachtstagung* war ein Geschehen jenseits der Schwelle, und alle Teilnehmer haben in ihrer von Enthusiasmus, von der Wärme des Herzens getragenen Seelenverfassung eine Geist-Erfüllung erlebt, die ihren Seelen die Flügel verlieh, um jenes Erlebnis durchzumachen, auf welches Rudolf Steiner in früheren Jahren als das Zeichen unserer Epoche hingewiesen hat: dass die Menschheit, an dem Hüter vorbei, die Schwelle zur geistigen Welt überschreitet. In diesen Tagen haben die achthundert Versammelten unter seiner Führung und in dem

Sinne des *umgekehrten Kultus,* der die Seelen zum Übersinnlichen erhob, die geistige Welt in vollem Bewusstsein erlebt und aufgenommen und dieses Erleben mit ihrer ganzen weiteren anthroposophischen Arbeit verbunden.

Durch die Weihnachtstagung war Dornach, war das *Goetheanum* zum Mittelpunkt der Anthroposophischen Gesellschaft geworden. Wenn das Goetheanum noch gestanden hätte, dann wären diese Tage der höchsten Geistes-Weihe *seine* Einweihung gewesen. Nun war dieses Goetheanum in einer so umfassenden Weise an dem übersinnlich-realen Geschehen der neun Tage beteiligt, dass von ihm etwas wie eine Mysterien-Weihe ausging. Und Rudolf Steiner, der Baumeister – einst des physischen Baues, jetzt des geistigen Menschheitsbaues –, war nicht mehr derselbe wie vorher. Er hatte – so darf man aus der inneren Betrachtung seines Geistesweges sagen – einen anderen *Rang* erworben, als ihn je zuvor ein Menschheitsführer innegehabt hatte. Es war von ihm in selbständiger Geistessouveränität ein Zweifaches unternommen worden, was sich in früheren Kulturepochen nie hatte miteinander verbinden lassen, da die Gesetze der geistigen Welt, die von Michael in strengster Weise gehütet wurden, für ein Zusammengehen zweier Aufgaben keinen Raum gaben, da sie sich gegenseitig ausschlossen: Nämlich ein Geistesforscher und gleichzeitig ein Träger irdischer Verantwortungen zu sein. Als Rudolf Steiner jedoch vor der eisernen Notwendigkeit stand, beide Aufgabenbereiche voll zu übernehmen, konnte er das nach seinen eigenen Worten nur tun, indem er der geistigen Welt gegenüber ein Versprechen ablegte. Um diese Zusammenhänge ganz klar zu machen, ist es nötig, ihn selber zu zitieren. Man findet das, was er den Mitgliedern darüber ausführte, in einem Vortrag vom 12. August 1924, gehalten in Torquay[32].

«Die anthroposophische Bewegung beruht ja darauf, dass aus der geistigen Welt reale Offenbarungen über den Inhalt der geistigen Erkenntnisse herunterfliessen. Wenn man das Werk der anthroposophischen Bewegung tun will, so kann man nicht allein Menschenwerk tun. Man muss offen sein für das, was herunterfliesst aus den geistigen Welten. Die Gesetze der geistigen Welten sind ganz bestimmte, nicht anzutastende. Sie müssen streng eingehalten werden. Und es ist schwierig, das, was in unserer heutigen Zeit ein äusseres Amt verlangt, und sei es auch dasjenige des Vorsitzenden der Anthroposophischen Gesellschaft, zu vereinigen mit den okkulten Pflichten gegenüber den Offenbarungen der geistigen Welt ... – Man musste sich vor die Möglichkeit hinstellen, dass die geistigen Mächte gesagt hätten: Das geht nicht, ein äusseres Amt kann nicht angenommen werden[32].»

Man kann nun bemerken, dass Rudolf Steiner mit aller Deutlichkeit eine Eigenheit des *Dornacher Vorstandes* unterstreicht, die darin besteht, dass er ihn als einen *Initiativ-Vorstand* bezeichnet. An dieser Bezeichnung ist im Laufe der Jahre viel herumgerätselt worden, bis zu dem Einwand, dass schliesslich jedes Mitglied Initiativen haben könne und nicht nur der Goetheanum-Vorstand. Bei einer solchen Denkweise ist offenbar das besondere Problem, welches sich mit der Art des Dornacher Vorstandes als eines *esoterischen* ergibt, nicht verstanden worden. Bei dem Begriff des Esoterischen handelt es sich wiederum um eine Seelenverfassung, die sich ganz selbstverständlich jeder Mensch erwerben muss, der seine innere Entwicklung bewusst anstrebt und sie in dem Zusammenhang mit der geistigen Welt vollzieht. Er richtet sich also im besonderen nach den Gesetzen des Übersinnlichen und den daraus sich ergebenden Regeln der Lebensgestaltung. Ein *esoterischer Vorstand* hat nun ebenfalls aus den Zusammenhängen und Einsichten, die sich aus dem Darinnenstehen in der übersinnlichen Geistesströmung *Anthroposophische Bewegung* ergeben, zu handeln und fortwährend dafür zu sorgen, dass alles, was sich in der *Gesellschaft* ergibt als Einrichtung, Arbeit, Tätigkeit, Aufgaben und so weiter in Übereinstimmung mit der geistigen Welt selber steht. Dieser Zusammenhang erzeugt ganz selbstverständlich eine «esoterische Haltung», eine spirituell-esoterische Verantwortung. Das war unter Rudolf Steiner das Naturgemässe. Es konnte gar nicht anders sein.

Damit in engster Verbindung steht das Wesen der Initiative. In einer so gearteten Gesellschaft wie der Anthroposophischen muss alles, was sich an Zielen und Unternehmungen ergibt, primär aus den geistigen Impulsen selber herausgeboren sein. Im Sinne dessen, was aus den Impulsen des Zeitgeistes zur Entwicklung der Menschheit nötig ist, muss von dem innersten Zentralen der Geistesführung her «initiativ» gehandelt, gestrebt und verwirklicht werden. Es sind keine Forderungen und keine Impulse massgebend, die aus der äusseren, der physischen Welt heraus entstehen und an einen herankommen.

Der Geistesquell der wahren Freiheit ist der Ort der Impulse, ist der Ansporn des Handelns. Alles, was mit einer Mysterien-Stätte zusammenhängt, muss daher frei sein von den Forderungen einer äusseren Kultur, einer äusseren Wissenschaft und den äusseren Lebenszusammenhängen. In dieser Richtung müssten sich die Überlegungen und Gedanken bewegen, wenn sie hinter das wahre Wesen dessen, was «Initiativ-Vorstand» bedeutet, kommen wollten. Man kann diese Bezeichnung nach ihrem ganzen Umfang nur verstehen, wenn man auf den spirituellen Charakter blickt, den Rudolf Steiner der «Konstitution der Anthroposophischen Gesellschaft» gegeben hat. Darum lag ihm einerseits so sehr an der Entwicklung einer speziellen seelischen Eigenschaft, die dem Wesen der lebendigen Vernunft verwandt ist, nämlich der Kraft der Einsicht. Gerade weil der von ihm gebildete Vorstand so zentral im Bereich der Geistesaufgaben, der Geistesführung und der Beachtung der geistigen Gesetzmässigkeiten darinnen stand, durfte er seine schöpferischen Kräfte nicht durch Verwaltungsmassnahmen, durch Regieren und durch Lenkung im nur von aussen geforderten Sinne verbrauchen. Es müsste sonst eine Art Lähmung des Inneren eintreten. Darum stellte Rudolf Steiner die Arbeit des Vorstandes in zwei neue Seelenqualitäten, die ihm von der Mitgliedschaft entgegengebracht werden sollten und die mit dem Element der Freiwilligkeit und des guten Willens verbunden sind: Einsicht und Vertrauen.

Wenn ein solches Verhältnis zwischen der Mitgliedschaft und der Leitung der Gesellschaft besteht, dann ist eine Stimmung im Gemeinschaftsgebilde da, die am meisten durchlässig und offen für spirituelle Anregungen und Absichten ist. Da kann sich der von innen her getragene Gesellschaftscharakter entfalten und blühen.

Was musste der geistigen Welt gegenüber versprochen werden, als er, der Geistesforscher, auch das Amt der Gesellschaftsleitung, des Vorsitzenden übernahm? Das Versprechen musste dahin gehen, dass niemals irdisch-persönliche Sorgen, Nöte, Verpflichtungen mit den damit verbundenen Disharmonien, Streitigkeiten, Zerwürfnissen in die geistige Welt hinübergetragen würden. Alles, was getan wurde, was angeregt, was den Menschen gegeben wurde, musste vollständig dem Willen, den Impulsen der geistigen Welt entsprechen und Abbild ihrer eigenen Würde und ihrer Gesetze sein. Dem gegenüber musste alles Irdische, Geistzerstörende und Hemmende von dem Geistesforscher in seine volle Verantwortung gegenüber der geistigen Welt genommen werden. Rudolf Steiner äusserte sich darüber ausführlich in einer Gedenkrede für die kurz vorher verstorbene Mitarbeiterin Edith Maryon:

«Es ist nicht leicht, innerhalb der anthroposophischen Bewegung verantwortlich zu wirken... Diese Leitung bedingt nämlich das folgende, und ich habe insbesondere oftmals seit der Weihnachtstagung auf das ganz Besondere hinweisen müssen, was diese Leitung der anthroposophischen Bewegung bedingt. Sie bedingt, dass dasjenige, was im Zusammenhange mit mir geschieht, ich selber in der Lage bin, hinaufzutragen in die geistige Welt, um nicht nur eine Verantwortung zu erfüllen gegenüber von irgend etwas, was hier auf dem physischen Plan ist, sondern eine Verantwortung, die durchaus hinaufgeht in die geistigen Welten. Und sehen Sie, Sie müssen sich schon, wenn Sie im rechten Sinne mitmachen wollen, namentlich dasjenige mitmachen wollen, was die anthroposophische Bewegung seit der Weihnachtstagung geworden ist, in diesen Gedanken hineinfinden, was es heisst, vor der geistigen Welt die anthroposophische Bewegung zu verantworten.

Dasjenige, was auf der Erde als Persönliches vertreten wird, das ist, wenn es sich vermischt mit dem, was gerade für die anthroposophische Sache geschehen soll, ein Element, das der geistigen Welt gegenüber, wenn es persönlich bleibt, nicht zu verantworten ist. Und welche Schwierigkeiten erwachsen dem, der irgendeine Sache vor der geistigen Welt verantwortungsvoll zu vertreten hat, wenn er zuweilen mitzubringen hat mit dem, was er zu verantworten hat, das, was aus den persönlichen Aspirationen der teilnehmenden Menschen kommt. Was das bewirkt, dessen sollten Sie sich doch ein wenig auch bewusst sein. Es bewirkt die schauderhaftesten Rückschläge von seiten der geistigen

Welt heraus, wenn man der geistigen Welt in der folgenden Art gegenüberzutreten hat:

Irgendein Mensch arbeitet mit in der anthroposophischen Bewegung ... aber er arbeitet in das, was er mitarbeitet, persönliche Ambitionen, persönliche Intentionen, persönliche Qualitäten hinein. Nun hat man dann diese persönlichen Ambitionen, diese persönlichen Tendenzen. ' Die meisten wissen nicht, dass sie persönlich sind, die meisten halten das, was sie tun, eben für unpersönlich, weil sie sich selber täuschen über das Persönliche und Unpersönliche. Das ist dann mitzunehmen. Und das wirkt in den schaudervollsten Rückschlägen heraus aus der geistigen Welt auf denjenigen, der diese Dinge, die aus den Persönlichkeiten hervorquellen, mit hineinzutragen hat in die geistige Welt[33].»

Umso ergreifender und wie erschütternd war dann seine Mitteilung an die Mitglieder in dem Vortrag vom 12. August 1924 in England (Torquay): «Nun darf heute wirklich, ich möchte sagen im Angesicht all der geistigen Mächte, die zusammenhängen mit der anthroposophischen Bewegung, gesagt werden, dass jene Verbindungen, die bestehen zwischen den spirituellen Welten und den Offenbarungen, die durch die anthroposophische Bewegung fliessen sollen, intimer, einschneidender, reichlicher geflossen sind, als das vorher der Fall war, dass also tatsächlich von den beiden Eventualitäten, die haben eintreten können, die eine, die so günstig wie möglich ist für den weiteren Fortgang der anthroposophischen Bewegung, wirklich eingetreten ist. Man darf sagen: Mit vollem Wohlwollen sehen unausgesetzt seit der Begründung der Anthroposophischen Gesellschaft am Goetheanum jene geistigen Mächte, von denen wir unsere Offenbarungen haben, mit einem noch grösseren Wohlwollen sehen sie auf uns herab, als das früher der Fall war. So dass nach dieser Richtung schon seit längerer Zeit ein schwerer Alp von der Anthroposophischen Gesellschaft genommen werden konnte[32].»

Rudolf Steiner sprach vor den Mitgliedern Dinge aus, die zu den intimsten Vorgängen seiner eigenen Entwicklung dadurch gehörten, dass er der Vorsitzende der Gesellschaft geworden war. Diese so schwerwiegenden Konsequenzen gegenüber der geistigen Welt, die seinem Entschluss, den Vorsitz zu übernehmen, innewohnten, als er die Bedingung an der Weihnachtstagung stellte, dass die Mitglieder an der Gründungsversammlung dazu ihre Zustimmung gäben, waren fortan nicht mehr seine Privatangelegenheit, sondern betrafen im weitesten Masse die Gesellschaft mit. Sie musste alle diese Sorgen und Eventualitäten mittragen und mit in ihr Bewusstsein hineinnehmen. Gewisse Realitäten wurden jedoch von ihr nicht gesehen und erlebt, weil sie die notwendige Vertiefung und Wachheit in ihrem Bewusstsein noch nicht durchgemacht hatte.

Dazu gehört einmal, dass Rudolf Steiner in seiner Geistesentwicklung eine Höhe erreicht hatte, die für die Zukunft des Goetheanums als der neuen Mysterienstätte von unabsehbarer Bedeutung war und ist. Er, der in früheren Jahren mit aller Bestimmtheit damit gerechnet hatte, ein sehr hohes Alter zu erreichen, hätte weiter ein Geistesleben entwickelt, hätte Impulse der Kultur-Erneuerung in so gewaltig-intensiver Weise vom Goetheanum ausgehen lassen, dass man es sich gar nicht vorstellen kann.

Das andere, was die Mitgliedschaft nicht realisierte, war die unerbittliche und furchtbare Feindschaft und Gefahr, die Rudolf Steiner persönlich ständig drohte und die ihn auch umgab. Es schien, als ob die Brandfackel, die in das Goetheanum geschleudert worden war und dessen Vernichtung herbeigeführt hatte, wie vergessen worden wäre. Denn wenn auch Rudolf Steiner von einem *Hinwegsterben* des Goetheanums gesprochen hatte, so müsste man in Wirklichkeit von einem *Mord* am Goetheanum sprechen. Dadurch würde die dunkle und bösartige Strömung gegen die Geistesbewegung, die von Rudolf Steiner getragen wurde und mit ihm identisch war, deutlich gemacht.

Da er nicht wollte, dass über eine Brandstiftung gesprochen werde, verstummten allmählich diejenigen, welche den Sachverhalt kannten. Doch das Wissen, dass das Goetheanum absichtlich durch Feuer zerstört worden war, blieb erhalten und wurde immer wieder von Zeit zu Zeit, auch in öffentlichen Publikationen, erwähnt[34].

Wenn diese Attacke zur Vernichtung des anthroposophischen Geistesimpulses, indem man seine Wirkensstätte, die Freie Hochschule für Geisteswissenschaft, verbrannte, in der Absicht, damit die ganze Geist-

Erkenntnis-Strömung lahmzulegen, die einzige gewesen wäre, dann hätte man diesen Schlag durch vermehrte Aktivität und durch grosse Opferkräfte überwinden können. Denn Rudolf Steiner erwähnte nach dem Brande ein Zitat, das ihm bei diesem Schicksalsschlag ein Freund gesagt habe: «Grösser als das Schicksal ist der Held, der es mutig trägt.»

Die gegnerischen Absichten hatten jedoch darin bestanden, einen so schweren und nachhaltigen Schaden zu erzeugen, dass es unmöglich gewesen wäre, in Zukunft an dem anthroposophischen Impuls irgendwie weiter zu wirken. Die Vernichtungsschläge mussten also wiederholt werden.

Die Gesundheit Rudolf Steiners war durch das Erlebnis des Brandes schwer geschädigt worden. Trotzdem kompensierte er die Einbusse, welche durch den Verlust des Baues eingetreten war, durch umso intensivere, geistige Leistungen. Die Lähmung der anthroposophischen Strömung war also nicht erreicht worden. Durch die weitere Ausbreitung der Anthroposophie war das Gegenteil davon eingetreten.

Der stärkste Schlag musste gegen ihn persönlich geführt werden. Es musste seine leibliche Hülle, der verletzliche sterbliche Körper selber getroffen werden. Und so geschah es auch.

Marie Steiner schrieb im Vorwort zu dem Buch *Die Weihnachtstagung zur Begründung der Allgemeinen Anthroposophischen Gesellschaft 1923/24* bedeutende Worte über die Tagung: «Zunächst war jeder, der diese Tagung mitgemacht hat, über sich selbst wie hinausgehoben, in seinem Innersten durchwärmt und zugleich erschüttert. Aber ein Schicksal waltete über dem Ganzen, das in andern Daseinssphären hat ausgetragen werden müssen. Der Ausgang hat gezeigt, was es für Dr. Steiner bedeutet hat, unser Karma auf sich zu nehmen ... Aber unser menschliches und Gesellschaftskarma entlud sich auf ihn – und zwar unmittelbar nach Abschluss der Weihnachtstagung. Denn am letzten jener Tage, dem 1. Januar 1924, erkrankte er schwer und ganz plötzlich. Es war wie ein Schwerthieb, der sein Leben traf bei jener geselligen Zusammenkunft, die verbunden war mit einer Teebewirtung und dazugehörigen Zutaten, auf dem Programm als ‹Rout› verzeichnet[35].»

)rt aus dem Jahre 1944 sei ein Teil ihres *Nachwortes*
sie der Biographie *Mein Lebensgang* von Rudolf
en lassen[36]:
lie Lebensbeschreibung jäh ab. Am 30. März 1925
Steiner.
inz dem Opferdienst der Menschheit geweihtes Leben
eindschaft vergolten; man hat seinen Erkenntnisweg
eg verwandelt. Er aber hat ihn für die ganze Mensch-
n und erobert. Er hat die Grenzen der Erkenntnis
sind nicht mehr da. Vor uns liegt dieser Erkenntnis-
lklaren Helle der Gedanken, von der auch dieses
egt. Er hat den menschlichen Verstand zum Geist
a durchdrungen, verbunden mit der geistigen We-
s. Damit hat er die grösste Menschentat vollbracht.
at lehrte er uns verstehen. Die grösste Menschentat
sollte er nicht gehasst werden mit aller dämonischen
Iölle fähig ist?
Liebe vergolten, was an Unverständnis ihm ent-
len ist.

rb, – ein Dulder, Lenker, ein Vollbringer,
ir Welt, die ihn mit Füssen trat
und die emporzutragen er die Kraft besass.
Er hob sie hoch, sie warfen sich dazwischen,
sie spieen Hass, verrammten ihm die Wege,
verschütteten, was im Entstehen war.
Sie wüteten mit Gift und Flamme,
frohlocken jetzt, besudeln sein Gedächtnis. –

‹Nun ist er tot, der euch zur Freiheit führte,
zum Lichte, zum Bewusstsein, zum Erfassen
des Göttlichen in einer Menschenseele,
zum Ich, zum Christus.

War es Verbrechen nicht, dies Unterfangen?
Er tat was schon Prometheus büsste,

87

was Sokrates der Schierlingsbecher lohnte,
was schlimmer war, als Barrabas' Vergehen,
was nur am Kreuze seine Sühne findet:
Er lebte euch die Zukunft dar.

Wir, die Dämonen, können dies nicht dulden,
wir hetzen, jagen den, der solches wagt,
mit allen Seelen, die sich uns ergaben,
mit allen Kräften, die uns zu Gebote.
Denn uns gehört die Zeitenwende,
uns diese Menschheit, die, des Gottes bar,
hinsiecht in Schwäche, Wahn und Laster.
Wir lassen das Erbeutete nicht fahren,
zerreissen den, der solches wagt›»...

Was Marie Steiner von seiner ganz plötzlichen schweren Erkrankung bei der geselligen Zusammenkunft am Nachmittag des 1. Januar 1924 antönte, betraf ein mit unerwarteter Gewalt hereinbrechendes Unwohlsein, nachdem er eine Kleinigkeit bei der Bewirtung zu sich genommen hatte. Weiss im Gesicht erhob er sich und ging mit schwachem Gang sofort hinter den blauen Vorhang des Schreinerei-Saales und brach dort, von einer Eurythmistin aufgefangen, zusammen. Er verlangte Wasser und nochmals Wasser, das er in grossen Mengen trank und dann sofort wieder von sich gab. Das wiederholte sich mehrere Male. Marie Steiner hatte etwas geahnt und kam hinzu und liess ihn in ihr kleines Zimmer hinter der Bühne bringen. Dann suchte sie eilends im Saal die Ärztin Ita Wegman und brachte sie zur Hilfeleistung herbei. Rudolf Steiner machte alle Anstrengungen, um der Vergiftung Herr zu werden, was ihm aus den grenzenlosen Kräften seines Geistes gelang. Er bekam langsam seinen Körper wieder in seine Gewalt und bat die wenigen Zeugen dieses Vorfalls, nichts davon verlauten zu lassen. Und am Abend desselben Tages hielt er einen seiner kraftvollsten Vorträge, jenen, der die ganze Tagung abschloss und das Thema des Vorbeigehens am Hüter der Schwelle behandelte. Wer hätte wohl geahnt, dass er vor wenigen Stunden dicht am Tode vorbeigegangen war?

Von da an holte er das Höchste aus der geistigen Welt heraus: Er gründete die Michael-Schule am Goetheanum und gab dieser Schule die Anweisungen des esoterischen Pfades, hin zum Hüter der Schwelle. Wie beflügelt und in unaufhaltsamer Geistesmacht baute er an den Impulsen der Weihnachtstagung weiter, die wie das Hereinbrechen geistiger Mächte in das zugrunde gehende Kulturleben waren. Es schien keinen Schlaf, keine Pause, kein Einhalten irdischer Gesetze mehr für ihn zu geben, wie wenn er das Mehrfache des bisher Geleisteten hereinbringen wollte, wie wenn die Zeit zu kurz sei, um das Übermass der Aufgaben zu erfüllen.

Für viele wurde die Geistesgrösse Rudolf Steiners zu jener Zeit von Tag zu Tag unbegreiflicher, und der Weg, den er ging, zum grössten Rätsel, das einen Menschen, mit dem man doch Zeitgenosse war, den man doch schon so lange kannte, umgab. Worum ging es bei diesem Geisteskämpfer, bei ihm, der als Rater und Freund der Menschheit ein Führer auf ihrem Geistesweg, ein unerbittlicher und gefürchteter Gegner jeglicher Verdunkelung durch ahrimanische und luziferische Geistesverführung war? Es ging darum, einen seit über einem Jahrtausend von ihm im Geiste gefassten Entschluss diesmal auf Erden endgültig durchzuführen und das grösste Geistes-Konzil der Menschheit mit seinen unermesslichen Wirkungen bis weit hinauf in die Höhen der geistigen Welt und in ferne Zukunft hin zu vollenden: *Die Weihnachtstagung in Dornach als das Geistes-Konzil der freien Erkenntnis.*

Um das historische Ausmass seines Erdenwirkens auch nur annähernd zu begreifen, wird man in die Tiefen der Michaels-Geistesströmung und der erbitterten Kämpfe, die um sie tobten, eindringen müssen. Wiederum wird der Blick hin zum Goetheanum gelenkt und zu dessen Geiste, «der da ist, der da war und der da sein wird», der in ihm gewirkt und gewaltet, und der sich mit ihm verbunden hatte.

Die Krönung und der Opfergang

Was Rudolf Steiner nach der Weihnachtstagung noch vollbrachte, war der Gang zu einer geistigen Krönung seines Werkes. Um ihn herum empfand man die Aura der geistig-übersinnlichen Welt selber, in die jeder eintauchte, von der jeder erhoben wurde, der mit ihm zu tun hatte. Die ganze Anthroposophische Gesellschaft hatte sich – fast über Nacht – verwandelt. Plötzlich wurde auf jedes Wort Rudolf Steiners gehört, es wurde der höchste Ernst im Vollziehen seiner Anregungen verbunden mit einer unbegrenzten Hingabe; es war alles so anders als früher, wo persönlicher Ehrgeiz und Geltungssucht so mancher Mitglieder ihre Hemmungen noch und noch gegen die geistige Entwicklung aufgebaut hatten. Ruhig und klar, ohne sich durch die Hetzereien gegen sein Werk, das Goetheanum, die weiterhin von der Bevölkerung und den Kirchen betrieben wurden, aufhalten zu lassen, unternahm er die notwendigen Schritte zum Wiederaufbau des Goetheanums. Der Wille der ganzen Gesellschaft stand geschlossen hinter dem Ziel, ein zweites Goetheanum zu errichten. Noch am Ende der Weihnachtstagung, ebenfalls an dem so ernsten Neujahrstag, zeichnete er am Vormittag den Mitgliedern das Ur-Motiv des neuen Goetheanums, das den Bauformen zugrunde liegen sollte, an die Tafel. Ita Wegman spricht in ihrem Buch *An die Freunde* in dem Kapitel *Das alte und das neue Goetheanum* davon, wie das Modell entstand:

«Fieberhaft arbeitete er, ohne wesentliche Ruhepausen. Ich durfte mit anwesend sein, durfte mit Erstaunen, mit heiliger Scheu miterleben, wie das Modell zustande kam. In drei Tagen war es fertig und stand dann da, eigenartig in seinen strengen, mächtigen und doch so schönen Formen. Aus dem Modell sollen wir nun errichten das neue Goetheanum auf dem Dornacher Hügel, ein Gebäude für die Anthroposophie der Gegenwart und der Zukunft! Die Anthroposophie mit ihren Freunden und Gegnern braucht ein Bauwerk, das beiden gerecht wird, ein Gebäude, in dem man in seinen inneren Räumlichkeiten der

Kunst sich widmen und das Wort, das Anthroposophie verkünden will, hören kann, das aussen in seiner Form und in seinem widerstandsfähigen Material zeigt, dass es standhaft bleiben und schützen will. Michaelsburg, neues Goetheanum.

Beglückt stand der Meister neben seinem Modell. Als dann dieses Modell aus dem Atelier zum Glashaus weggetragen wurde für die Anfertigung der Pläne, sagte er zu mir: ‹Aufsehen hat es erregt, als das Modell aus dem Atelier nach seiner zweiten Arbeitsstätte, dem Glashaus getragen wurde›. Ja, wie kann es anders als Aufsehen erregen, wenn unter Menschenaugen Wunder geschehen[20]!»

Vom 8.–11. April 1924 fand die grosse Erziehungstagung in Stuttgart, veranstaltet vom Vorstand am Goetheanum und dem Lehrerkollegium der Waldorfschule statt, die eine noch nie gesehene Besucherzahl von 1700 Zuhörern vereinigte, um die fünf Vorträge entgegenzunehmen, die Rudolf Steiner unter dem Thema hielt: *Die Methodik des Lehrens und die Lebensbedingungen des Erziehens*[37].

Man muss diese Vorträge aus einem besonderen Grunde erwähnen. Die herzliche, hochgesinnte, festlich-warme Stimmung steigerte sich von Vortrag zu Vortrag und erreichte dann im letzten Vortrag einen noch nie erlebten Höhepunkt. Als er am Ende dieses Vortrages die Schlussmeditation, das neue Erziehungswort den Zuhörern mitgab, mitgab mit der starken Stimme und dem heiligen Ernst der pädagogischen Aufgabe gegenüber, war es minutenlang so still, dass man eine Nadel hätte fallen hören können.

> «Dem Stoff sich verschreiben,
> Heisst Seelen zerreiben.
>
> Im Geiste sich finden,
> Heisst Menschen verbinden.
>
> Im Menschen sich schauen,
> Heisst Welten erbauen.»

Dann erhoben sich alle von ihren Sitzen, und nun erbrauste ein Beifall und ein Zurufen im Saal, was zu einer nicht endenden Ovation anwuchs. Immer wieder musste Rudolf Steiner das Podium betreten und schliesslich den enthusiasmierten Menschen mit beiden Händen bewegt und herzlich zuwinken. Dieses Abschiednehmen gestaltete sich zu einem unvergesslichen Erlebnis. Rudolf Steiner war erkannt worden. Eine Stimmung ungewöhnlicher Art hatte diese seine öffentlichen Vorträge umgeben. Es war eine Stimmung ähnlich der Weihnachtstagung gewesen, denn die Zuhörer hatten sich durch ihr Miterleben im Geiste zum Überschreiten der Schwelle erhoben.

Mit diesem Höhepunkt in der Offenbarung echter spiritueller Menschenkunde nahm er Abschied von seinem Wirken in der grossen Öffentlichkeit. Denn nun widmete er alle seine Kräfte dem Ziel, die letzten Schritte in die Geheimnisse unserer Zeit hinein zu tun. Er liess uns die Gesetze und Zusammenhänge des Schicksals, die Karmagesetze in der Menschheit, in der Geschichte und im eigenen individuellen Lebensweg sehen. Die Enthüllung der Karmagesetze war sein eigentlicher Geistesauftrag. Damit hatte er sechs Wochen nach der Weihnachtstagung, am 16. Februar 1924, begonnen. Der Geist der Weihnachtstagung war durch die Reihe der Karmavorträge erweitert und in einer ganz bestimmten Richtung vertieft worden. Zusammen mit der Einrichtung der Michaelschule am Goetheanum fügte sich seit der Weihnachtstagung alles, was er an Vorträgen hielt, zu einer geistigen Führung der Gesellschaft, die diese in einen durch und durch esoterischen Strom emporhob. Dieser esoterische Zug wurde, wie er sich ausdrückte, von den Mitgliedern gewollt.

Man spürte es an Rudolf Steiners Mitteilungen, die er über die geistigen Hintergründe des geschichtlichen Lebens der Menschheit machte, wie ganz anders, wie viel unmittelbarer und direkter als früher er sich nun äussern konnte. Im vierten Vortrag seines Zyklus über *Das Osterfest als ein Stück Mysteriengeschichte der Menschheit* kam das Geheimnis des Goetheanumbrandes als Mysterien-Karma zur Darstellung. Er führte direkt und fast unmittelbar in diesem Vortrag auf Zusammenhänge mit dem früheren und dem gegenwärtigen Mysterienwesen hin, die er vorher noch nicht hatte geben können.

«Es ist ja mit diesem Mysterienwesen so, dass im Grunde genommen alles, was geistig durch die Welt ging, durch die Menschheit sich entwickelte, dass in alten Zeiten alles hervorgegangen ist aus den Mysterien.

92

Wenn man ein heutiges Wort anwenden möchte, so müsste man sagen: die Mysterien waren sehr mächtig in bezug auf die ganze Lenkung des geistigen Lebens.

Nun war die Menschheit von vornherein dazu bestimmt, die Freiheit zu entwickeln. Zur Entwickelung der Freiheit war es notwendig, dass das alte Mysterienwesen zurückgegangen ist, und eine Zeitlang die Menschen weniger im Zusammenhang standen mit einer solchen mächtigen Lenkung, wie sie von den Mysterien ausging, und gewissermassen mehr sich selbst überlassen waren... Es sind genügend viele Menschen durchgegangen durch Inkarnationen, in denen weniger die Macht der Mysterien gespürt worden ist als in früheren Zeiten. Und wenn auch die Saat des Durchgehens durch diese Inkarnationen heute noch nicht aufgegangen ist, sie ist in den Menschen. Aber es wird vor allen Dingen notwendig sein, dass dem Erkennen, dem Schauen, dem Erleben des Geistigen, die aus der heutigen Initiation geholt werden können, entgegengebracht werde, auch aus der Freiheit heraus, Schätzung, Ehrfurcht. Denn ohne Schätzung, ohne Ehrfurcht ist eine wirkliche Erkenntnis, ist ein geistiges Leben der Menschheit eigentlich nicht möglich[38].»

Mit diesen Worten hatte Rudolf Steiner die Grundlage gegeben und auch die Seelen in ihren tieferen Keimkräften daraufhin angesprochen, dass sie in eben jener Haltung der Ehrfurcht dasjenige aufnehmen möchten, was mit dem esoterischen Zug, der durch die Gesellschaft gehen sollte, zu tun hat. Darum lenkte er nun auf das Besondere des heutigen Mysterienwesens hin:

«Wir müssen ja sagen: Es ist schon so, dass, wenn jener Impuls, der durch die Weihnachtstagung von hier, vom Goetheanum, ausgegangen ist, wirklich sich einlebt in der Anthroposophischen Gesellschaft, dann die Anthroposophische Gesellschaft», indem sie zu immer weiterer Vertiefung im Erkennen hinführt, «die Grundlage sein wird für das weitere Mysterienwesen. Es muss das weitere Mysterienwesen bewusst gepflegt werden durch diese Anthroposophische Gesellschaft. Diese Anthroposophische Gesellschaft hat ja vor sich ein Ereignis, das ebenso in der Entwicklung verwertet werden kann, wie einstmals verwertet worden ist ein ähnliches Ereignis: der Brand des Tempels von Ephesus.

Da und dort lag ein bedeutsames Unrecht zugrunde. Allein die Dinge nehmen sich ja auf den verschiedenen Niveaus eben verschieden aus, und es kann dasjenige, was auf einem Niveau ein furchtbares Unrecht ist, in der Freiheit der Menschen dann verwendet werden in dem Sinne, dass gerade durch solche schauderhaften Ereignisse ein wirklicher Menschheitsfortschritt hervorgerufen werde[38].»

Nachdem er diese Zusammenhänge zwischen dem Brande des Tempels von Ephesus und demjenigen des Goetheanums angedeutet hatte, führte er in die Einweihungslehre von Ephesus ein. Es ging damals vor allem um die Erkenntnis der Bildung des Ätherleibes vor der Geburt des Menschen, «die Umkleidung des Menschen mit dem Ätherleib», wie es wörtlich heisst, und wie die Vielfalt der Planeten in ihrem Wirken dabei miterlebt wurde: Sonne – Mond – Mars – Merkur – Jupiter – Venus und Saturn. In diesen Ephesus-Diana-Mysterien wirkten als Eingeweihte auch diejenigen Persönlichkeiten, welche Rudolf Steiner an der Weihnachtstagung erwähnt hatte als die später in Aristoteles und Alexander wiederverkörperten Seelen. In ihrer griechischen Inkarnation kamen sie wiederum mit dem Mysterienwesen in Verbindung, das noch auf Samothrake gepflegt wurde. Bei beiden entstand «durch den Einfluss der Kabirenmysterien etwas wie eine Erinnerung an die alte ephesische Zeit» (22. 4. 1924)[38].

In diesem Oster-Vortrag führte Rudolf Steiner den geistigen Weg hin zu der historischen Karmabeziehung, welche zwischen der Feuerkatastrophe von Ephesus und derjenigen von Dornach bestand. Als das zentrale Geschehen wurde das Hinaustragen des Mysteriengeschehens von Ephesus durch die Flammen in die Weiten des Weltenäthers geschildert. Als «kontinuierliches Osterfest zu Ephesus« war es – das Mysteriengeschehen – «in den Tempelräumen eingeschlossen» und wurde mitgeteilt und eingeschrieben «in den ganzen Weltendom, insofern der Weltendom ätherisch ist[38]».

Als Aristoteles und Alexander in Samothrake die Erinnerung an Ephesus in ihren Seelen erweckt erhielten, entstand in Aristoteles die Inspiration, «die Weltenschrift zu begründen». Diese Weltenschrift waren die aristotelischen Kategorien: Sein – Quantität – Qualität – Relation – Raum – Zeit – Lage – Haben – Tun – Leiden, «die zuerst

Aristoteles dem Alexander vorgeführt hat.» Was diese Begriffe für den, der ihren Ursprung durchschauen kann, in Wirklichkeit bedeuten, spricht Rudolf Steiner anschliessend in dem scheinbar so einfachen Satz aus: «Denn alle Geheimnisse der physischen und geistigen Welt sind in diesen einfachen Begriffen als dem Weltenalphabet enthalten[38].»

In wenigen Sätzen gab er dann die Verbindung von dem damaligen Geschehen und von der Inspiration, die Aristoteles aus dem Weltenäther heraus auf Samothrake zuteil geworden war, zur Gegenwart, zur Ostertagung in Dornach. «Und es wird schon einstmals dahin kommen, dass man dasjenige, was eigentlich wie im Grabe ruht, die Weltenweisheit, das Weltenlicht, wiederum finden wird, wenn man wieder lesen lernen wird im Weltenall, wenn man erleben wird die Auferstehung dessen, was in der Zwischenzeit der Menschheitsentwicklung zwischen den zwei geistigen Epochen verborgen worden ist. Wir sind ja da, meine lieben Freunde, um das, was verborgen worden ist, wieder offenbar zu machen... Und so wie bei anderen Gelegenheiten gesagt werden konnte: Anthroposophie ist ein Weihnachtserlebnis, so ist Anthroposophie selber in ihrem ganzen Wirken ein Ostererlebnis, ein Auferstehungserlebnis, verbunden mit dem Grabeserlebnis[38].»

Das war die Vorbereitung für die Mitglieder, um das folgende richtig aufzunehmen. Denn nun ergab dasjenige, was den Vortrag als geistige Kulmination abschliessen sollte, eine umfassende Offenbarung der Hintergründe des Goetheanumbrandes und der Weihnachtstagung. Aber nicht nur das. Rudolf Steiner selbst stand so da, dass die eindeutige karmische Kontinuität zwischen Aristoteles und ihm selber sich enthüllte. Aristoteles, der auf Samothrake in der inneren Bewegung, welche die Mysterienerinnerung an Ephesus herbeigeführt hatte, aus dem Ätherkosmos die Inspiration für die Weltenschrift hatte aufnehmen können; und Rudolf Steiner, der in seinem geistigen Schauen und Forschen aus dem Goetheanumbrand den Impuls für die Weihnachtstagung empfangen hatte. Und wie fand dieser Impuls seinen Ausdruck? In einer weitgespannten Geschichtsdarstellung des alten Mysterienganges, von Gilgamesch und Eabani angefangen, in Uruk, über Ephesus, Griechenland bis hinein in die anthroposophische Bewegung. Ein einziges «Evolutions-Gedächtnis», aus dem «eigentlich heute die Menschheit in bezug auf ihre früheren Kulturepochen im Astrallichte so lesen muss, wie wir im späteren Alter durch unser gewöhnliches Gedächtnis in unserer Jugend lesen. Weil dies zum Bewusstsein der Menschen kommen soll, habe ich gerade die Vorträge, die ich während der Weihnachtszeit hier gehalten habe, so gehalten, dass Sie daran sehen konnten: es handelt sich wirklich darum, Geheimnisse, die wir heute brauchen, aus dem Astrallichte heraus zu holen[39].»

Gegen das Ende seines Ostertagungs-Vortrags (22. 4. 1924) brachte er das, was den Zusammenhang der beiden Mysterienorte von Ephesus und Dornach betraf, folgendermassen zum Ausdruck: «Ebenso, wie durch Aristoteles und Alexander das Feuer von Ephesus benutzt worden ist, als es in ihren Herzen neu aufflammte, aber zunächst aufflammte im Äther draussen, von dem es ihnen erneut entgegentrug die Geheimnisse, die dann gefasst werden konnten in Allereinfachstes –, wie da benutzt werden konnte das Feuer von Ephesus, so obliegt es uns, und werden wir auch schon imstande sein können zu benutzen dasjenige, was... auch als die Flammen des Goetheanum in den Äther das hinausgetragen hat, was durch Anthroposophie gewollt worden ist, weiter gewollt werden soll.

Aber was geht denn daraus hervor, meine lieben Freunde? Es geht daraus hervor, dass wir durften als Jahrestrauerfeier um die Weihnachts-Neujahrszeit, welche dieselbe ist, in der uns das Unglück hier getroffen hat, dass wir da durften einen neuen Impuls ausgehen lassen *vom Goetheanum.* Warum? Weil wir fühlen dürfen: Was mehr oder weniger Erdensache vorher war, erarbeitet, gegründet wurde als Erdensache, das ist mit den Flammen hinausgetragen in die Weltenweiten. Wir dürfen, gerade weil uns dieses Unglück getroffen hat, in dem Erkennen der Folgen dieses Unglückes sagen: Nunmehr verstehen wir es, dass wir nicht bloss eine Erdensache vertreten dürfen, sondern eine Sache der weiten ätherischen Welt, in der der Geist lebt. Denn es ist die Sache vom Goetheanum eine Sache des weiten Äthers, in dem geisterfüllte Weisheit der Welt lebt. Es ist hinausgetragen worden, und wir dürfen uns von den *Goetheanum-Impulsen,* aus dem Kosmos hereinkommend, durchdringen.

96

Nehmen wir das, wie wir wollen, nehmen wir es als Bild. Das Bild bedeutet aber eine tiefe Wahrheit. Und diese tiefe Wahrheit wird eben in einfachen Worten dadurch ausgedrückt, dass man sagt: Das anthroposophische Wirken soll seit dem Weihnachtsimpuls mit einem esoterischen Zug durchdrungen sein. Dieser esoterische Zug ist deshalb da, weil das, was irdisch war, durch das, was mitgewirkt hat im physischen Feuer, aber als Astrallicht, welches hinausstrahlt in den Weltenraum, weil das wiederum zurückwirkt – hinein in die Impulse der anthroposophischen Bewegung, wenn wir nur in der Lage sind, diese Impulse aufzunehmen[38].»

Diese verschiedenen Zitate gehören zu all demjenigen hinzu, was Rudolf Steiner an der Weihnachtstagung selber über das Goetheanum gesagt hat. Sie ergeben mit dem, was er ein Vierteljahr später an der Ostertagung, noch weiter ausholend, anfügen konnte, einen karmischen Umkreis, der wie ein verdichtetes Astrallicht das Goetheanum umleuchtet. Sie führen nicht nur zu einer ausserordentlichen Vertiefung im Verstehen der Weihnachtstagung, sondern ebenso zu einer hochbedeutsamen Erweiterung der Ausführungen Rudolf Steiners über alles, was mit Aristoteles zusammenhängt und sich mit seinem eigenen Wirken als Leiter der anthroposophischen Bewegung und der Anthroposophischen Gesellschaft vereinigt. Darum kommt unter diesem Gesichtspunkt einem Ausspruch vom 18. Juli 1924 in Arnheim ein ganz besonderes Gewicht zu: «Und so haben wir, ich möchte sagen, fortwirkend in der Anthroposophischen Gesellschaft den Aristotelismus, nur heute spiritualisiert, und seine weitere Spiritualisierung erwartend[32].»

Das geistige Geschehen um das Jahr 869

Um die Vorgänge, die sich als Geistesgeschichte der Menschheit in Rudolf Steiners Vorträgen immer mehr um die Weihnachtstagung und das Goetheanum gruppieren, auch als das zu sehen, was sie in Wirklichkeit sind – nämlich als das Herausholen der Geheimnisse aus dem Astrallichte, wie wir sie heute brauchen –, müssen wir uns intensiv mit den Karmavorträgen befassen, die er in London gehalten hat, besonders mit demjenigen vom 27. August 1924[32].

London = ⟨handwritten⟩ Mit welcher Persönlichkeit haben wir es in diesem Karmavortrag
Francis Baco ⟨handwritten⟩ besonders zu tun? Mit derjenigen, die sich gerade in London am 22. Ja-
von Verulam ⟨handwritten⟩ nuar 1561 als Francis Baco von Verulam wiederverkörpert hat als der
= früher ⟨handwritten⟩ aus dem neunten Jahrhundert herkommende Harun al Raschid. Diese
Harun al ⟨handwritten⟩ Zusammenhänge werden ausführlich in der Behandlung des Geistes-
Raschid ⟨handwritten⟩ stromes des Abendlandes besprochen, insofern sie mit dem Jahre 869
n. Chr. und dem in Konstantinopel abgehaltenen achten ökumenischen Konzil zu tun haben.

Aber wie das in diesem Londoner Vortrag geschieht und wie ganz besonders die vielschichtigen Begebenheiten, die sich im Jahre 869 ereignet haben, hervorgehoben werden, so wie es in dieser plastisch-konkreten Weise vorher nicht oft geschah, lässt eine Ahnung aufkommen, dass am Ort der Geburt und des weiteren Lebens von Bacon die geistigen Mitteilungen eine ungewöhnliche Verdichtung erfuhren und eine intensive Geisterkenntnis ausstrahlen müssen.

Geisteskampf ⟨handwritten⟩ Was in diesem Vortrag geschildert wird, ist der Geisteskampf, der
am Konzil ⟨handwritten⟩ sich am Konzil von Konstantinopel abgespielt hat. Auf diesem wurde
Konstanti- ⟨handwritten⟩ nach langem Hin und Her schliesslich von den Vätern der Kirche das
nopel. ⟨handwritten⟩ Dogma aufgestellt, dass der Mensch nicht bestehe aus der Dreiheit
Dogma. ⟨handwritten⟩ – Trichotomie – von Leib, Seele und Geist, sondern dass sein Wesen
nur einen Leib und dann noch eine Seele habe. Dieser Seele ständen jedoch gewisse geistige Eigenschaften zur Verfügung. Man ging also von der früheren Einsicht ab, dass der Mensch in drei Regionen des

Seins beheimatet sei, im Leibes-, im Seelen- und im Geistes-Sein, und liess nur noch die Zweiheit von Leib und Seele gelten. Das wurde katholisches Dogma und jede andere Auffassung über den Menschen galt als Verstoss gegen die *wahre Lehre*.

Mit diesem Dogma wurde eine wirkliche Erkenntnis des Menschen, wie sie als echtes Abbild seiner Schöpfung gelten müsste, unterbunden. Eine echte religio, ein Verhältnis zur übersinnlichen Welt, die nur entstehen kann aus der Anschauung der Geistwesenheit des Menschen heraus, war damit für lange Zeit gelähmt worden. Was sich mit der Einsetzung dieses Dogmas abgespielt hatte, nannte Rudolf Steiner einen «besonderen Impuls der Finsternis». Von nun an war er dem Zeitalter des *Kaliyuga* eingeflösst worden und führte immer mehr zur starren, materialistischen Auffassung des Menschen.

Aber über den Vorgängen des Konzils in Konstantinopel, in der geistigen Welt selber, fand zur gleichen Zeit, um 869, ein «himmlisches Konzil» statt. Es kam durch die Begegnung von Harun al Raschid und seinem Ratgeber mit den Individualitäten des Aristoteles und Alexander des Grossen zustande. Eine Begegnung, die ursprünglich aus der verehrungsvollen Sehnsucht des Harun gegenüber Aristoteles entsprungen war, als er mit Hingabe den ins Arabische übersetzten Aristoteles studiert hatte. Im Geiste traten sie sich nun gegenüber und unvermittelt wurde aus der Begegnung ein intensiver Geisteskampf, eine Gegenüberstellung des Mohammedanismus, der in der Seele des Harun mit der Kraft seiner aristotelischen Schulung auftrat, und des Christentums, das von der Seele des Aristoteles tief aufgenommen und erlebt worden war. Das Erlebnis des Christentums war Aristoteles und Alexander vor allem aus *einer* Quelle zugeflossen: damals, als die beiden Freunde sich in der geistigen Welt auf der Sonne befanden und das Weggehen des Christus von der Sonne zur Erde erlebten. In Torquay spricht Rudolf Steiner am 14. August 1924 darüber:

«Michael und die Seinen, zu denen eben auch Alexander und Aristoteles gehörten, erlebten ja das Mysterium von Golgatha nicht vom Erdengesichtspunkt aus. Sie sahen den Christus nicht ankommen auf Erden; sie sahen ihn Abschied nehmen von der Sonne. Aber all dasjenige, was sie erlebten, gestaltete sich bei ihnen zu jenem Impuls:

Unter allen Umständen muss dahin gearbeitet werden, dass die neue Michael-Herrschaft, der Alexander und Aristoteles mit allen Fasern ihrer Seele haben treu bleiben wollen, dass die neue Michael-Herrschaft ein nicht nur tief begründetes, sondern auch ein intensives Christentum bringen sollte[32].»

Eine mehr verborgene Quelle war ihr kurzes Erdenleben im 8./9. Jahrhundert gewesen, das sie in Verbindung mit der Gralsströmung brachte, dem esoterischen Christentum. Eine Verständigung in jenem Geisteskonzil war zwischen den Seelen des Harun al Raschid und seines Ratgebers und den so ganz neu im Christentum und der Michael-Herrschaft darin stehenden Freunden Alexander und Aristoteles nicht möglich. Harun al Raschid lehnte einen durchchristeten Aristotelismus, der so energisch mit Michael verbunden war, deutlich ab. Aus dieser Gegenüberstellung bildeten sich zwei Strömungen, die eine, «die im Arabismus verläuft, und eine, die den Aristotelismus und das Alexandertum ins Christentum durch die Impulse der Michael-Herrschaft herüberführt[32].»

Die Folge dieser Geistbegegnung im Jahre 869 trat in Bacon, dem wiedergeborenen Harun al Raschid, mit einer furchtbaren Vehemenz als Ablehnung alles Aristotelischen auf. Denn er musste im 16. Jahrhundert entdecken, dass inzwischen Aristoteles und Alexander im Mittelalter, in der Scholastik für einen neuen, anderen, ganz durchchristeten Aristotelismus gelebt und weithin gewirkt hatten. Diese Entdeckung konnte in Bacon sich nur auf die ihm eigene, mohammedanisch-arabische Weise, ausleben. In zwei Sätzen wird darüber alles gesagt: «Es herrscht in ihm ein wahrer Furor in der Bekämpfung des Aristotelismus. In allem ist ein wahrer Furor, von dem man sieht, es geht bis tief in die Seele hinein[32].»

Zu diesen beiden Ereignissen des Jahres 869, dem irdischen und himmlischen Konzil, trat das dritte hinzu, die beiden anderen durch sein hohes Geisteslicht bestrahlend. Es handelt sich um die «Begegnung des Christus mit seinem Gegenbilde». Das, was als sein Gegenbild bezeichnet wird, ist sein eigener *Lebensgeist,* der seit dem Tode auf Golgatha im Umkreis der Erde wirkte, so dass sie «wie von einem Geistigen umweht war» (27. 8. 1924)[32]. Auf der Sonne war der *Geistes-*

mensch des Christus zurückgeblieben, im Umkreis der Erde der *Lebens-geist,* und auf der Erde sein *Ich und das Geistselbst.*

Das, was seit dem Mysterium von Golgatha auf Erden als das Christuswesen geblieben war, begegnete nun 869 seinem hohen Lebensgeist, seinem Gegenbild. «Dieses Zusammenfliessen des Christus mit seinem eigenen Bilde findet statt im neunten Jahrhundert[32].»

Das neunte Jahrhundert, das bisher im Geschichtsbewusstsein keine grosse Beachtung gefunden hatte, wurde durch die vielen Vorträge Rudolf Steiners darüber als Knotenpunkt der Menschheitsentwicklung erkannt, der die höchste Aufmerksamkeit verdient. Denn die Bedeutung der Vorgänge im Irdischen wie im Übersinnlichen, die sich 869 ereignet hatten, konnten nur durch die Forschung Rudolf Steiners durchschaut werden. Es zeigte sich, dass sowohl die Vergangenheit wie die Zukunft nur verstanden werden konnten, wenn man vor das Geheimnis von 869 gestellt wurde.

Schon allein die Tatsache, dass man von einem «Geheimnis von 869» sprechen kann, muss als eine besondere Vertiefung der historischen Betrachtung bezeichnet werden. Denn dem Historiker treten aus seinem Studium wohl selten Geschichtsereignisse entgegen, die in dem Sinne, wie sie sich um das Schicksalsjahr 869 gruppieren, als «Geheimnisse» bezeichnet werden. Das, was hier so verhüllt auftritt, sind die hinter den äusseren Vorkommnissen verborgenen spirituellen Motive. Welches Motiv kann sich etwa hinter der Abschaffung des Geistes, hinter dem Aufgeben der Trichotomie des Menschen verbergen, und welches Prinzip hat sich damit durchgesetzt, dass aus der Dreigliederung des Menschen nach Leib-Seele-Geist eine Dualität Leib-Seele werden konnte?

Bei Problemen, die in der Geschichte auftauchen, wird die anthroposophische Forschung immer im Auge behalten müssen, dass mindestens zwei Ursachen zu untersuchen sind. Die eine tritt dann auf, wenn man die irdischen Ereignisse als Abbilder geistiger Vorgänge versteht, und die andere, wenn man weiss, dass die Geschichte Ausdruck historischer Rhythmen ist, die sich durch lange Zeiträume hindurch auswirken.

Es ist die Frage zu stellen, wieso es zu dem Konzil von 869 überhaupt hat kommen können. Um sich an die Wurzel der bis in die Gegenwart wirkenden Geschichtsverkettungen heranzuarbeiten, die sich in Massnahmen gegen den geistigen Fortschritt der Menschheit kundtun, muss man weit zurück, bis in die Zeitenwende gehen.

Als Rudolf Steiner im März 1917 in Berlin seine Vorträge *Bausteine zu einer Erkenntnis des Mysteriums von Golgatha*[40] hielt, wurde gleich der erste zu einer umfassenden und vorher wohl nie gehörten Darstellung über die Mysteriengeschichte und ihre spirituellen Hintergründe, von Palästina an bis zur Gegenwart, ja bis in die Zukunft hinein. Die Inhaltsangabe für diesen Vortrag lautet «Palästinensische Mysterien. Der paulinische, psychische und pneumatische Mensch.» Einer seiner Schluss-Sätze gipfelt in dem Weckruf für ein wahres Geschichts-Studium: «Wer die wirkliche Geschichte Europas seit der Entstehung des Christentums studiert und sich nicht begnügt mit jener fable convenue, welche in so entsetzlicher Weise heute als Geschichte gelehrt wird und von vielem Unheil die geheime Schuld ist, wer einen Sinn hat für das wirkliche Studium der Geschichte, wer den Mut hat, in genügend starker Weise jene entsetzliche fable convenue, die man heute Geschichte nennt, von sich zu weisen, der wird gerade mit Bezug auf die Entwickelung des Christentums eben zu einer Empfindung kommen, die ein Leitmotiv im Suchen der Gegenwart sein kann... dass nichts so viele Hemmnisse, nichts so viele Verdunklungen und Entstellungen erfahren hat, als die Entwickelung des Christentums» (27. 3. 1917).[40]

Was diesem Zitat vorangeht, ist eine Einführung in die Gegenkräfte des Mysteriums von Golgatha. Sie gehört zum unvergesslichen Schatz der Geistesgeschichte. Darüber hinaus wird man diesen Einblick in die Mysterien-Zusammenhänge als notwendige Vorbereitung für jene Vorträge ansehen, die er sieben Jahre später über das Karma der anthroposophischen Bewegung gehalten hat.

Um welche Erkenntnisse im Ringen der menschlich-geschichtlichen Forschung geht es hierbei?

Es handelt sich um eine Anschauung, die der Frage nachgeht, in welche Konstellationen eigentlich das Geschehen von Golgatha eingebettet war. Schon das Alte Testament gibt darauf durch seine Schilderung eine Antwort, die allerdings in ihrer «Tiefe nur gelesen werden

102

kann, wenn man entweder noch oder wieder beherrscht gewisse Dinge, die mit den imaginativen Vorstellungen zusammenhängen[40]».

Auf hervorragende Weise versteht es Emil Bock[41] in seinen Büchern über das Alte Testament, die Imaginationen nahe zu bringen und die Geist-Wirklichkeit der Erzählungen in den Vordergrund zu rücken. Überall zeigen sich dabei tiefstes Mysteriengeschehen, Einweihungen und Taten von Eingeweihten, sowie Führung und Lenkung von geistigen Wesen, welche sich bestimmten Menschen offenbarten – ein lebendiger Strom vom Walten der Mysterien, der das ganze Land Palästina wie ein geistiger Jordan durchfliesst und von vielen Juden erlebt und verstanden wurde.

Das Judentum in der Blüte seiner Mysteriengeschichte wird einem anschaulich. Doch wie ein furchtbares Gesetz muss man die Wahrheit verstehen lernen, dass jedes, auch das höchste Mysterium, umgeben wird von den Angriffen der Gegenmächte. Der höchste Eingeweihte muss in den Abgrund der Vernichtung blicken lernen als einen Teil seiner Einweihung. So wie das Leben im Paradies durch die Verführung der Schlange zu einer «von andern erschuldeten Selbstheitschuld» wurde und das irdische Leben des Menschenwesens nach sich gezogen hatte, so wie Moses durch seinen Zweifel an der geistigen Welt das Gelobte Land nicht betreten durfte, so wie der Christus in einem der Zwölf den Verräter neben sich hatte, so rottete sich um das Wirken des Christus die Sekte der Sadduzäer zusammen, um im Judentum einen tiefen Hass gegen das Christusgeschehen zu erzeugen. In den Sadduzäern lebte der Impuls, alles, was aus dem Mysterienkult kam, hinwegzuschaffen und weder die Auferstehung noch den alten jüdischen Engelglauben anzunehmen. In ihnen lebte geradezu ein «Horror, ein Schrecken, ein Schauder vor allem Mysterienkult». Sie hatten den Gerichtshof und die Verwaltung Palästinas in Händen und damit die Möglichkeit, jenen Einfluss auszuüben, der zu der Verurteilung des Christus-Jesus führte. Die Beziehungen, die zwischen ihnen und den das Land beherrschenden Römern bestanden, kennzeichnete Rudolf Steiner mit dem Satz: «Sie waren im Grunde die Knechte des römischen Staates.» Daraus ergaben sich ungewöhnliche innere Beziehungen zwischen ihren Hasseskräften und der im Römertum eingeborenen so gefährlichen Tendenz, «nichts vom Geiste in sich haben zu dürfen». Der betreffende Passus in dem zitierten Vortrag (27. 3. 1917)[40] lautet folgendermassen:

«Sie (die Sadduzäer) waren es, deren Blick sich vor allen Dingen darauf richtete, zu sehen, dass eine grosse Gefahr für das Römertum vorliege, wenn dasjenige irgendwie Geltung bekäme, was mit dem Christus im Einklange mit dem Mysterienwesen geschähe. Sie hatten eine instinktive Ahnung davon, dass vom Christentum etwas ausgeht, was das Römertum allmählich zertrümmern wird. Und damit hängt es zusammen, dass im Grunde genommen im Laufe des ersten Jahrhunderts und auch noch in spätere Jahrhunderte hinein von seiten des Römertums aus diese furchtbaren Vernichtungskriege geführt wurden gegen das palästinensische Judentum. Und diese Vernichtungskriege, die furchtbarer Art waren, sie wurden hauptsächlich geführt unter dem Gesichtspunkte, mit den hinzuschlachtenden Juden auch auszurotten alle diejenigen, welche etwas wussten von der Tradition und der Wirklichkeit der Mysterien. Es sollte mit Stumpf und Stiel ausgerottet werden dasjenige, was sich an das Mysterienwesen angliederte, das gerade in Palästina vorhanden war...

Denn es musste mit demjenigen, was vom Römertum ausging, etwas in bezug auf die äussere Menschenordnung begründet werden, bei dem der Geist nichts zu suchen hatte. Es musste eine Entwicklungsströmung eingeleitet werden mit Ausschluss spiritueller Impulse[40].»

Es sind ausserordentlich bedeutsame Zusammenhänge, die Rudolf Steiner in diesem Vortrag über das Wirken der ahrimanischen Impulse in der Geschichte heraufholt und vor das Bewusstsein stellt. Wir haben es mit einer Strömung in der Geschichte zu tun, die jahrhundertelang in grausamster Weise alles unternahm, um das Walten des Christusimpulses zu verunmöglichen, indem der Mensch in seiner irdischen Existenz durch Krieg und Mord vernichtet, ja ausgerottet werden sollte. Man könnte das Wirken und Eingreifen hoher Geistesmächte in die Erdenentwicklung geradezu an der Reaktion der Gegenmächte erkennen, in der masslosen Entfesselung von Vernichtungstendenzen, um das Geisteswirken unmöglich zu machen. Auch das zwanzigste Jahrhundert wäre damit nach seiner dunklen Seite hin entlarvt.

Der Kampf gegen den Geist, wie er sich in den nachchristlichen Jahrhunderten zäh, raffiniert und unheimlich betätigte, erfuhr seine ihm entsprechende Formung dadurch, dass der Geist des römischen Imperiums sich mit dem Wesen der katholischen Kirche vereinte. Diese «Ehe» bildete sich zu jener Macht aus, welche alles unternahm, um gegen jegliche Form des Mysterienwesens und damit gegen das höchste Mysterium, dasjenige von Golgatha, zu kämpfen und die Menschen an seiner Erkenntnis zu verhindern.

Es genügte die äussere Vernichtung nicht, es musste auch die innere, die spirituelle dazukommen. Das geschah dann auf dem Konzil von Konstantinopel 869, das den so *erfolgreichen* Schritt tun konnte, den Geist abzuschaffen. Erst dadurch ist die Naturwissenschaft, ist das Universitätsleben, ist die Ausbreitung des Materialismus möglich geworden, das *Ignorabimus:* wir werden nie erkennen! Von dieser realen kirchlichen Macht muss Dostojewski Wesentliches erfasst haben, als er seine Erzählung *Der Grossinquisitor* schrieb. Wir blicken im geistigen Verfolgen des Geschichtsablaufes auf die realen Tatsachen hin und verstehen das Verbrennen der Templer, das Verbrennen der Jungfrau von Orléans, von Giordano Bruno und so vieler, vieler anderer als den Versuch, diejenigen, welche den Geist erkannten und den erkennenden Geist in sich trugen, aus ihrer Inkarnation zu verbannen.

Auch der Versuch, den Menschen nur noch als eine Zweiheit zu sehen, aus Leib und Seele bestehend, zeigt den Verlust der wahren Erkenntnis. Man kann auf einer solchen Anschauung kein echtes, in der Wirklichkeit verankertes Leben mehr aufbauen, weil die Erkenntnisgrundlage defekt ist. Die Folge ist ein in Unordnung geratenes Menschenleben, das in Abhängigkeit von der Umwelt, von der physischen Abstammung, der Vererbung usw. dahinlebt und im Leben selber keinen Sinn mehr erkennen kann. Eine geistige Lähmung bis zum Skeptizismus dominiert das Kulturleben und bringt es notwendigerweise unter den Zwang von Anschauungen, wie es der Marxismus ist. Dadurch werden die Inkarnationen des Menschen zu einer Verbannung aus dem Geiste.

Unwillkürlich drängt sich die bohrende Frage auf, ob denn das Christentum selber diese Gegenmächte nicht habe überwinden können.

105

Dieser Frage stellt Rudolf Steiner jedoch eine bestimmte Geschichts-erkenntnis gegenüber: «Nichts ist so schwierig geworden, als dass sich das Christentum fortgepflanzt hat. Und daraus entsteht dann die wei-tere Empfindung, dass es überhaupt, wenn man von Wundern sprechen will, kein grösseres Wunder gibt als dieses, dass das Christentum sich erhalten hat, dass das Christentum da ist» (27. 3. 1917)[40].

Was braucht jede geistige Strömung, um auf der Erde zu wirken, um da zu sein? Sie braucht Menschen, die sie in ihre Seelen aufneh-men. Schon im Prolog zum Johannesevangelium[42] heisst es:

Zwar war das Licht in der Welt
Und ist die Welt durch es entstanden,
Aber die Welt hat es nicht erkannt,
Es wandte sich an das Ich,
Aber die Iche nahmen es nicht auf.

Durch das Erlöschen der Geistesschau und den Verlust des Zusam-menhanges mit der geistigen Welt wurden die Seelen auf das irdische Sinnensein hingelenkt und gaben sich ihm ganz hin. Das solcherart diesseitig gewordene Leben führte den Menschen zum Ergreifen seiner eigenen Persönlichkeit, er wurde zum Ego. Es war gerade die römische Kultur, welche intensiv die Ausbildung zur irdischen, leiblich begrenz-ten und juristisch grossartig untermauerten Persönlichkeit pflegte. Aber in dem Masse, als der Mensch an das Äussere gefesselt wurde, nahmen die inneren Seelenkräfte ab. Die Schwäche der im Inneren sich kundgebenden Individualität zeigte sich gerade im nicht mehr Erfas-senkönnen höherer Geistinhalte. Das, was das Christentum in Wirk-lichkeit ausmachte, das Mysterium von Golgatha, konnte nicht mehr aufgenommen werden. Das spricht auch der Prolog des Johannes-evangeliums aus.

Denen aber, die es aufnahmen,
Verlieh es die Kraft, Gotteskinder zu werden.
Weil sie seinem Namen trauten.
Solche werden nicht geboren

Nach den Gesetzen von Blut und Leib,
Nicht nach Menschenwillen,
Sondern nach den Gesetzen des Göttlich-Geistigen.

Es geht bis in unsere Gegenwart hinein darum, ob ein Mensch in
seiner Inkarnation ein Verhältnis zum Christus finden kann. Dann
entsteht wiederum neu diese innere Kraft, welche die geistige Natur
des Menschen aktivieren kann. Viele innerlich so unzufriedene, inhalt-
lose und gerade im Erfassen des Übersinnlichen zweifelnde Seelen
haben diese Verfassung aus einer früheren Inkarnation mitgebracht,
in welcher sie schon nicht mehr die Gelegenheit fanden, ihr Wesen in
eine positive Beziehung zum Christentum zu bringen.

Man sieht daran, wie sehr es auch dem einzelnen Menschen möglich
ist, aus dem Geistesstrom, der früher in Verbindung mit dem Christus-
ereignis stand, herauszufallen und sich allem Spirituellen gegenüber zu
verschliessen. Es muss diese Abneigung und Verschlossenheit jedoch
in der besonderen Artung des Menschen tief begründet sein. Mit aller
Deutlichkeit, die wie ein Schock wirken kann, kommt die Verschie-
denheit im Erfassen und Verstehen des Geistigen in der Begegnung
zum Ausdruck, die zwischen Aristoteles – Alexander und Harun al
Raschid und dessen Ratgeber im Jahre 869 stattgefunden hatte. Es ist,
wie wenn es Seelen mit einer Verhärtung den neuen Geistimpulsen
gegenüber geben würde, wie wenn Welten dazwischen stünden.

Es muss uns zum Problem werden, diese Differenzen im Verhalten
der Menschen aus ihrer Geistnatur heraus zu verstehen. Wie ist so
etwas möglich, dass der Geist derartig vehement abgelehnt werden
kann, wie das bei Harun al Raschid auftrat? Die Begründung dafür,
wie sie gerade im Karmavortrag vom 8. August 1924[43] gegeben wurde,
führt dahin, zu sehen und zu verstehen, wie irdische Geschichte aus
den Entscheidungen entsteht, die in der geistigen Welt von Geistwesen selber getroffen werden. Auf ein solches Geschehen unter
höheren Wesenheiten muss man nun hinschauen, da aus ihm eine
schwere Belastung der Menschheitsgeschichte geworden ist.

Das Jahr 869 wird mehr und mehr zu einem Mittelpunkt, zu einem
Kreuzweg für das, was sich aus seinen so verschiedenartigen Vor-

gängen für die Menschheitszukunft ergeben sollte. Auf der einen Seite trat eine Folge für die Geschichtsentwicklung ein, die dem irdisch-terrestrischen Fortgang zugeordnet war. Es betraf das den Konzilsentscheid, dass der Mensch aus Leib und Seele, ohne eine ebenso selbständige und unabhängige Geist-Natur bestehe. Durch die Jahrhunderte hindurch belastete dieser einschneidende Beschluss das gesamte Kulturleben. Auf der anderen Seite wurde eine noch gar nicht zu überblickende und unfassbare Steigerung oder Verdichtung des Christusimpulses eingeleitet, indem das Christuswesen sich mit seinem Gegenbild, seinem Lebensgeist vereinigte. Man hat mit seinem Gegenwartsbewusstsein vielleicht noch gar nicht genug aufnehmen können, was Rudolf Steiner damit ausgesprochen hat, und was diese Tatsache in der Nachfolge des Mysteriums von Golgatha bedeutet. Rudolf Steiner hat dieser Mitteilung keine weitere Erklärung angefügt. Man wird aber doch mehr und mehr darauf aufmerksam werden müssen, dass sich an dieser Stelle etwas verbirgt, was nach einer gründlichen Geistesforschung ruft.

Zunächst aber wird man sich ganz wesentlich damit befassen müssen, dass Rudolf Steiner den Konzilsbeschluss mit dem Verhalten bestimmter Angeloi erklärt. «Dass sich die Kirchenväter im Jahre 869 darüber unterhielten, ob man von Geist reden soll, war die Folge davon, dass eine Anzahl von Angeloiwesen sich trennten von dem Michael-Reich, bei dem sie früher waren, und sich unter die Anschauung stellten, dass sie es nunmehr nur zu tun haben mit den Erdgewalten, dass sie nur von Erdgewalten aus die Führung der Menschen zu vollziehen haben. Also sehen Sie, was das für ein Ereignis in Wirklichkeit ist! Angeloi sind diejenigen Wesen, die den Menschen von Erdenleben zu Erdenleben führen... Eine Anzahl von Engelwesen, die diese Aufgabe haben, die früher vereinigt waren mit dem Michael-Reiche, ging heraus, verliess das Michael-Reich» (8. 8. 1924)[43].

Dass dies so war, führte eben zu der Spaltung der Engelwesen, indem die einen bei Michael blieben, aber andere sich der Erde zuwandten. Sie wurden aus Himmels- oder zölestischen Engeln zu solchen, die sich mit der Erde und ihren Erdgewalten verbanden, also terrestrische Engel. Damit aber ist ausgedrückt, dass sie in der hierarchischen Ordnung selber eine andere Stellung bezogen haben, indem sie ihre kosmische Stellung, die eine Ein-Ordnung gewesen war, verlassen hatten. Sie waren zu anders wirkenden Engelwesen geworden. Dieser tief einschneidenden Revolution unter übersinnlichen Wesen vom Range der Angeloi gaben einerseits die Konzilsväter dadurch Folge, dass sie das Bild des Menschen den *Erdgewalten,* dem ahrimanischen Regenten, übergaben und es zu einem zerstückelten und darum verfinsterten Bild abfallen liessen. Andererseits aber entstand ein neues und unendlich tragisches Problem, das mit dem Karma verknüpft ist, weil die Angeloi damit unmittelbar zu tun haben. Man muss dazu die Darstellung Rudolf Steiners im einzelnen in ihrer ganzen Schwere anführen.

«Aber diese Wesenheiten (Angeloi) bilden ja gerade mit die karmische Entwickelung. Und nun betrachten Sie das Ganze, wie es sich abspielt in dem Leben zwischen Tod und neuer Geburt. Da ist es nicht so, dass jede Menschenseele allein laufen kann; auch nicht jeder Engel, der die Menschen leitet, kann allein laufen, sondern da wirkt die Hierarchie der Angeloi zusammen. Im Zusammenwirken wird das Karma ausgelebt. Natürlich, wenn ich in einem Erdenleben verbunden werde mit Menschen, und wir tragen das im nächsten Leben aus, dann muss zusammenkommen der Engel des einen Menschen mit dem Engel des anderen. Es muss ein Zusammenwirken geschehen, und vielfach war es so. Das ist das ungeheuer Erschütternde, ich möchte sagen das Zermalmende, das sich abspielt auf Erden in dem Ökumenischen Konzil von 869. Es ist das Signal für etwas Ungeheures, was da oben in der geistigen Welt geschieht. Das ist das Zerschmetternde – wenn man sich ganz aufrechterhält, mit dem richtigen Gebrauche der kosmischen Intelligenz aufrechterhält gegenüber solchen übermächtigen Tatsachen-Zusammenhängen –, das erschütternd Bedeutsame, was schon eintrat und immer mehr und mehr eintritt: dass der Angelos der einen Menschenseele, die mit einer anderen Menschenseele früher karmisch verbunden war, nicht zusammenging mit dem Angelos dieser anderen Menschenseele. Der eine Angelos von zwei karmisch verbundenen Menschenseelen blieb bei Michael, der andere ging hinunter zur Erde. Was musste da geschehen? In dem Zeitraum zwischen der Begründung des Christentums und dem Bewusstseinszeitalter, das vorzugsweise signalisiert war durch das neunte Jahrhundert, durch das Jahr 869, musste das geschehen, dass in das Karma der Menschen Unordnung hineinkam! Damit ist eines der bedeutsamsten Worte ausgesprochen, das man überhaupt aussprechen kann mit Bezug auf die neuere Geschichte der Menschheit» (8. 8. 1924)[43].

Um das Grosse der Ereignisse, die sich im Jahre 869 in den verschiedenen Sphären abspielten, deutlich erfassen zu können, soll eine Tatsache ganz besonders vor das Bewusstsein gestellt werden. Das ist diese, dass die Begegnung des Christuswesens, das mit seinem Ich und dem Geistselbst das Mysterium von Golgatha vollzogen hatte, 836 Jahre später, also 869 nach der Zeitenwende, sich mit seinem Lebensgeist, dem Bilde, «das ihm entgegengetragen wird», vereinigt. Diese ganze kosmische Wesenheit, die mit dem Namen «Lebensgeist» bezeichnet wird, schliesst sich jetzt erst mit dem Christus zusammen.

Wir dürfen darin eine kosmische Steigerung, eine Verstärkung des Christusprinzipes sehen. Das, was durch den Christus geschah, fand seine Polarität in dem Abfallen der Angeloi von Michael und ihre Wendung fortan zu Wesen von Erdgewalten. Und ebenso in der Verfinsterung des Geistbildes des Menschen durch den Konzilsbeschluss.

Ist es nun möglich, daraus zu erkennen, was der Christus getan hat? Schon in der lemurischen, dann zweimal in der atlantischen Zeit und zuletzt im Jahre 33 auf Golgatha hat er, das Sonnen-Geistwesen, den Menschen selber vor dem Zugrundegehen gerettet. Dieses Beschützen, Retten und Heilen des Menschen durch den Christus hat Rudolf Steiner besonders in dem Vortrag Die vier Christus-Opfer (Basel, 1. 6. 1914)[44] aufgezeigt. Und wiederum ist eigentlich alles das in Gefahr, zunichte gemacht zu werden, was das wahre Menschenwesen genannt werden muss, indem das geschah, was im Jahre 869 von seiten des Hasses gegen den Geist unternommen wurde. Die Finsternis-Ereignisse auf der einen Seite, zusammen mit dem Abfallen der Angeloi, bilden einen Ansturm gegen das Mysterium von Golgatha, wie es nur durch eine grandiose Intelligenz der Gegenmächte inszeniert werden konnte. In ruhigen, gelassenen Worten charakterisiert

Rudolf Steiner diese Situation, und die Gewichte fangen an, sich zu verschieben:

«Und das alles entstand, spielte sich ab wie bestrahlt von jenem Ereignisse der Begegnung des Christus mit seinem Gegenbilde. Das alles stand unter diesem Eindrucke. Das geistige Leben der Menschen wurde in der spirituellen Welt, die unmittelbar an die physische Erdenwelt angrenzt, in intensiver Weise projektiert, könnte man sagen, fadengezeichnet» (27. 8. 1924)[32].

Man könnte sich lange mit diesen wenigen Sätzen beschäftigen, ja man könnte daraus eine Imagination formen, welche die verschiedenen Regionen dieses irdisch-überirdischen Dramas ausdrückten, und man sähe, im Anklang an Raffaels *Disputa,* ein mächtiges Bild der Auseinandersetzung, umgeben von dunklen Wolken, aber alles überstrahlt von der Geistessonne der neuen Christusbegegnung, die weit in die Zukunft eines neuen Geisteslebens der Menschheit schaut oder es *projektiert.*

Und wer stände in diesen Strahlen darinnen, hineinschauend in das Zukunftswerden des neuen Geisteslebens? Es wäre derjenige, welcher den starken, energischen Kampf um die Zukunft des Abendlandes mit Harun al Raschid geführt und in ihm einen entschlossenen Gegner gefunden hatte, die Individualität des einstigen Aristoteles mit Alexander, seinem Schüler. Die Worte, welche von dieser Imagination her ertönen, sind die folgenden: «Aber man war sich klar: Man muss warten, bis die neue Michael-Herrschaft auf der Erde beginnen kann.»

Es ist deutlich zu spüren, dass dieser Satz einen Gedanken nur anfängt. Er bricht in einer Art ab, dass man sich wie aufgerufen fühlt, ihn weiterzuführen. Es taucht wie von selbst die Frage auf: wer denn gemeint sei mit dem «man war sich klar»? Wer ist *man?* Offensichtlich jener Geist, der sich ganz verbunden fühlt mit dem Kommen der neuen Michaelherrschaft am Ende des 19. Jahrhunderts. Und dieser Geist stand beim Erleben jener apokalyptischen Geistesschau vor dem Entschluss, mit all seinem Willen, seiner Energie und seiner Verbundenheit im Geistesziele mit Michael selbst, den Kampf zu Ende zu führen. Er hatte das Geistesziel: dem Menschen seine wahre Geistnatur so vor Augen zu stellen, dass ein feuriges Erkenntnisleben seine

Inkarnation im nächsten Zeitalter Michaels erfüllen sollte. Die kurzen Worte *man muss warten* hiessen in seiner eigenen Geistseele etwa: *Ich muss warten – aber dann wird im Abendland für die ganze Menschheit eine Burg gebaut, in der die Geisteskämpfer ausgebildet werden, um das Konzil von 869 in sich selbst zusammenfallen zu lassen. Denn dieses Konzil darf nie siegen. Und die Überfülle des Wirkens des Christus im Zusammenhang mit seinem Äther-Lebensgeist wird in eine neue Menschheits-Zeiten-Wende hineinströmen.* Im Vortrag vom 14. August 1924 heisst es dann im Hinblick auf Alexander und Aristoteles: «Aber ein mächtiger neuer Impuls, das Christentum auf eine besondere Weise in die Erdenzivilisation einzuführen, das war es, womit sich Alexander und Aristoteles durchsetzt hatten[32].»

Das Jahr 869 und seine Rhythmusfolge

Die grundlegende Bedeutung, die dem Jahre 869 durch die Geistesforschung zuerkannt ist, für den Historiker eine ausserordentliche Entdeckung, gibt Veranlassung, sich mit diesem Geschichtsdatum intensiver zu befassen.

Als dem Menschen auf dem Konzil von Konstantinopel der Besitz eines eigenen selbständigen Geistes abgesprochen wurde, enthüllten sich nach und nach im Laufe der Jahrhunderte die weitreichenden verderblichen Folgen dieses Schrittes. Die Auswirkungen hat man dort zu suchen, wo das Geistesleben seine besondere Mission entfaltet: im Betätigen der Erkenntnis, im Erfassen der Wahrheit, in der Entwicklung einer unabhängigen Individualität und in dem Streben nach einer Verbindung zu denjenigen höheren Welten, welche in der geistigen Evolution des Menschen ihre grosse, umfassende Aufgabe erfüllen: zuerst zu den Geistern der Form, dann zu den Geistern der Persönlichkeit.

Gegen diese hierarchische Geistesführung richtet sich der Konzilsbeschluss in ganz spezieller Weise. Es sollte auf Erden schon frühzeitig ein Hemmnis gegenüber jener Entwicklung des Menschen errichtet werden, auf deren Hintergründe im vorigen Kapitel hingewiesen wurde.

Wenn man von einer frühzeitigen Hemmung der Bewusstseinsentwicklung spricht, dann muss man jenen Zeitpunkt ins Auge fassen, welchen man als den Beginn der Bewusstseinsseelen-Epoche bezeichnet, nämlich das Jahr 1413. 2160 Jahre hindurch hat die Menschheit ihren Weg zur Ausbildung der Bewusstseinsseele zu gehen, deren ausgesprochenes Ziel die Entwicklung des Ich mit seinem bisher verhüllten und nunmehr offenbaren Wesensgeheimnis ist. Die Menschheitslenkung wollte während dieser Epoche die inkarnierten Seelen in das Ich-Mysterium einweihen. Die Kräfte der Finsternis hingegen konnten nur eine Absicht haben: dem Menschen den Ich-Gedanken zu verhüllen.

113

Es musste dieser Wahrheitsgedanke für die Vertreter des Glaubens, des Christentums, wie für die einer heraufkommenden Wissenschaft als indiskutabel und wesenlos gelten. Zur Erreichung dieses weitgesteckten Zieles standen dem Konzil von 869 die Jahrhunderte bis zum Ende der vierten und Anfang der fünften Kulturepoche, 1413, zur Verfügung, also 544 Jahre. An einer ganzen Kulturepoche von 2160 Jahren gemessen, sind diese 544 Jahre genau das Viertel eines solchen Zeitraumes. Verfolgt man nun dieses letzte Viertel der griechischlateinischen Epoche in seinem geschichtlichen exoterischen Wirken durch die Zeit vom 9. bis zum 15. Jahrhundert, dann findet man heftige Auseinandersetzungen in allen Strömungen des Lebens, wie den Kampf zwischen weltlicher und geistiger Macht, das Aufeinanderprallen von Dogmen und unabhängigem Suchen nach Erkenntnis, das Walten der gefürchteten Inquisition gegen jede Art von Freiheit, die scharfen philosophischen Dispute zwischen Realismus und Nominalismus – überall entdeckt man im Hintergrund den mächtigen Impuls, kein selbständiges, echtes, freies Geistesleben aufkommen zu lassen. Man steht unter dem Eindruck, als ob der Geist von 869 alle Kräfte seiner Kulturepoche, die ihrem Ende zuging, noch einmal aufraffen wollte, um einen Riegel gegen jede weitere Entwicklung vorzuschieben. Es sollte kein wirkliches Bild, keine Imagination vom wahren Wesen des Menschen entstehen.

Mit eindeutigen Worten hat Rudolf Steiner davon gesprochen, wie die ganze Entwicklung der Naturwissenschaft in ihrer Anschauung des Menschen eine Auswirkung von 869 ist: die Vererbungslehre, die Abstammungslehre, die Pädagogik und Psychologie, um nur die wesentlichen zu nennen. Sie sind *defekte* Wissenschaften, weil ihnen die Wahrheit von der Existenz des freien Menschengeistes fehlt.

Ein solcher Vernichtungsfeldzug gegen den Menschen hat seine besonderen Phasen, die sich offenbaren, wenn man das Wirken dieses Impulses durch die fünfte Kulturepoche von 1413 an weiterverfolgt. In der symptomatischen Art, wie das letzte Viertel der vorigen, der vierten Kulturepoche betrachtet wurde, kann man ebenso, jedoch wie im Spiegelbild dazu, das erste Viertel der neuen Epoche herausheben. Dieses Viertel erstreckt sich gleichfalls 544 Jahre weit in die fünfte

Kulturepoche hinein, also von 1413 an bis 1957. So wie 869 eine letzte Anstrengung der Vergangenheitskräfte bringt, so darf man dem Jahre 1957 eine Art Vorwegnahme zukünftiger Entwicklungen im Sinne einer Ablenkung von der Wirklichkeit unserer Zeit zuordnen. Mit dem Abschuss der ersten Raumkapsel, des sogenannten *Sputnik* am 4. Oktober 1957, wurde eine Weltraumforschung eingeleitet, die man in ihren realen Auswirkungen noch nicht überschauen kann. Man wird mit seinen Gedanken die Taten der Technik seit der Epoche der Bewusstseins-Seele begleiten müssen, die einen immer wieder zu derselben Feststellung nötigen, dass im Verfolge aller technischen *Pioniertaten,* die zur heutigen Zivilisation geworden sind, ungeheure Zerstörungen bis zu radikalen Vernichtungen im Reiche der Natur und des gesamten biologischen Geschehens entstanden sind. Aber darüber hinaus wurden soziale Probleme geschaffen, die auch den Zusammenhang im menschlich-kulturellen Bereich in Frage gestellt haben. Bisher war der *planetarische Raum* unverletzt geblieben. Nun werden die Impulse und die Methoden der Technik auch in diese Gebiete hineingetragen, wo sie durch ihr Wesen Zerstörungskräfte und Zerstörungsherde zur Geltung bringen. Man wird nach jenen geistigen Begriffen suchen müssen, die zu dieser besonderen Technik dazugehören, um die Wirklichkeit und Wahrheit des menschlichen Tuns enthüllen zu können. Denn jedes unbesonnene Tun, ohne dass man sich die dazugehörigen Begriffe erarbeitet hat, führt ins Illusionäre, aber nicht in eine Wirklichkeits-Wissenschaft hinein. Das lässt sich im ganzen Bereich der atomaren Kräfteforschung verfolgen. Eines aber ist festzuhalten: von allen Handlungen der Menschen gehen Wirkungen und Rückwirkungen aus. Wir stehen zum Beispiel heute in den Konsequenzen aller derjenigen Handlungen des 18. und 19. Jahrhunderts, welche in oft unmenschlichster Weise zum Kolonialismus, zur Herrschaft über die farbigen Völker geführt haben, Konsequenzen, die wegen ihrer unermesslichen geistigen und sozialen Anforderungen bisher von niemandem gemeistert werden konnten. Es ergibt sich wie ein Gesetz aus diesen Zusammenhängen: Unverantwortliche Handlungen erzeugen Rückwirkungen, die nicht mehr eingeordnet werden können. Verbirgt sich hinter diesen Beziehungen zwischen den Handlungen und ihren Folgen vielleicht ein weitgespanntes Menschheitsproblem, eine Erkenntnisaufgabe erster Ordnung? Die Antwort auf diese Frage müssen wir, weil sie Mysteriencharakter hat, in der Geistesforschung Rudolf Steiners suchen.

Die Menschheit besitzt schon seit dem griechischen Altertum ein bedeutsames Wissen darüber, dass sich an jede Tat eines Menschen bestimmte Wesen heften, die sich mit dieser verbinden und in der seelisch-geistigen Aura dieses Menschen ihr Wirken entfalten. Es sei hier nur auf die Gestalt des Orestes hingewiesen, der nach dem Mord an seiner Mutter, von den Rache-Wesen, den Furien verfolgt und gehetzt wurde. So sind die Handlungen der Menschen ganz allgemein Anziehungspunkte für Elementarwesen, die sich darin gleichsam inkarnieren und sie in den Geschichtsverlauf der Menschheit einfügen. Erst da bekommt alles, was Tat ist, im Laufe der Zukunft seine unverlierbare Position als geistig treibende Kraft und bildet einen Quell von «Rückwirkungen» auf Mensch und Menschheit. Darin drückt sich das Ur-Gesetz des Karmas aus, dass die Wirkungen immer zurückfinden zu demjenigen, von dem sie als Verursacher ausgegangen sind. In einem Vortrag vom 6. Dezember 1919 gibt Rudolf Steiner eine besondere Darstellung dieser Rhythmusforschung, die sich zunächst auf seelische Zustände in einzelnen Lebensepochen bezieht, und wie diese dann im Gesetz des Sieben-Jahres-Rhythmus verändert zurückschwingen.

«Der Mensch erzeugt fortwährend etwas um sich herum wie eine recht grosse Aura. Aber in das, was er da an Wellen aufwirft, in das mischen sich hinein Elementarwesen, welche, je nachdem der Mensch ist, das, was da zurückkommt, beeinflussen können. Denken Sie also, die Sache ist so: Sie haben eine Erregung; die strahlen Sie aus. Wenn sie Ihnen zurückkommt, ist sie nicht unbeeinflusst, sondern in der Zwischenzeit machen sich Elementarwesen mit dieser Erregung zu tun. Und wenn sie dann zurückwirkt auf den Menschen, dann bekommen Sie mit dem, was diese Elementarwesen angefangen haben mit dem, was ausser Ihnen ist, die Wirkung der Elementarwesen zurück. Durch das, was der Mensch da als eine geistige Atmosphäre verbreitet, kommt er in Wechselwirkung mit Elementarwesen. Alles dasjenige, was sich für den Menschen schicksalsmässig abspielt innerhalb des Lebenslaufes, hängt mit diesen Dingen zusammen. Wir haben ja auch innerhalb unseres Lebenslaufes eine Art Erfüllung unseres Schicksals[45].»

Diese Vorgänge gelten nicht für das Vorstellungsleben, dafür aber in besonderem Masse für die Welt des Fühlens und des Willens. In diesen letzteren Regionen leben wir unterbewusst in der geistigen Sphäre der Elementarwesen, in die wir eingegliedert sind, und die «für uns zu gleicher Zeit durchwoben wird von dem Christus-Impuls. Wir tauchen durch unser rhythmisches System, physiologisch gesprochen, durch unsere Fühlsphäre, in das Gebiet hinunter, mit dem sich der Christus für das Erdenleben vereinigt hat. Da finden wir also sozusagen den Ort, an dem der Christus real, nicht nur durch Tradition oder durch eine subjektive Mystik, sondern real, objektiv zu finden ist. Wir leben aber zu gleicher Zeit in der Epoche, von welcher an die Ereignisse, die von diesem Orte kommen ... eine grosse objektive Bedeutung für das Menschenleben haben, denn sie gewinnen allmählich für die menschlichen Entschlüsse, für das, was die Menschen tun, wenn sie sich dagegen sträuben, einen unbewussten Einfluss. Wenn die Menschen eingehen darauf, können sie einen bewussten Einfluss erleben, das heisst, wir können mit ihnen rechnen, wir können gewissermassen die geistigen Welten, die zu uns gehören, aufrufen, mit uns zu wirken[45].»

Es ist nun naheliegend, sich die Frage zu stellen, ob wir es in der Tat erleben dürfen, dass die «geistigen Welten, die zu uns gehören, aufgerufen worden sind, mit uns zu wirken». Wenn wir diese Frage beantworten können, dann gewinnt das ganze Problem der Rückwirkungen, des Zurückschwingens unserer Taten, seine eigentliche Dimension.

Als Rudolf Steiner die Weihnachtstagung eröffnete, wandte er sich in einer Art Aufruf an die Mitglieder, sie möchten in sich die Kräfte der Stimmung rege machen und die Tagung von dieser Stimmung her erwärmen und tragen. Es lag ihm daran, dass nicht die Vorstellungen des Hauptes, sondern die Schwingungen des Gemütes sich entfalteten. Denn nicht nur der Einzelne, sondern eine Gemeinschaft gleichgestimmter Menschen ist in der Lage, dasjenige, was mit den starken Kräften des Gefühls aufgenommen und begleitet wird, zu jener Aura zu bilden, in welche sich die Elementarwesen hineinbegeben, wie auch wir selbst

es tun, und so unterbewusst in der geistigen Sphäre der Elementarwesen mitleben. Das, was solcherart übersinnlich geschieht, hat eine
nicht abzusehende Wichtigkeit, weil diese Region gleichzeitig «durchwoben ist von dem Christus-Impuls». Wenn wir die Weihnachtstagung
als Beispiel nehmen, dann wird uns auf einmal klar, wie sehr das Miterleben der Tagung zu einem Ereignis wurde, das sich im Geistes-
Grund der Weltgeschichte abspielte. Jetzt kann man die unermessliche
Bedeutung jener Zeilen erfassen, die so schlicht in der Grundstein-
Meditation als «Aufruf» an die Elementarwesen erklingen:

«Das hören die Elementar-Geister
In Ost, West, Nord, Süd,
Menschen mögen es hören.»

Diesen Ruf an die Elementarwesen erliess Rudolf Steiner nur einmal,
am Eröffnungstage, am 25. Dezember, dann nicht mehr. Wohl deswegen nur einmal, weil sie den Ruf gehört hatten und gekommen
waren, um «mitzuwirken». Aber dann wurden sie noch einmal geru-
fen, als nämlich der sechste Tagesrhythmus von Rudolf Steiner gegeben
wurde. Nur trat dabei in der meditativen Zusammenfügung der Spruch-
Zeilen eine ganz erstaunliche Steigerung ein, indem Rudolf Steiner die
Elementar-Geister mit dem Christus-Wesen vereinigte. Er leitete diese
Tagesmeditation mit den folgenden Worten ein:

«Und wir prägen uns dieses:
Göttliches Licht,
Christus-Sonne,

so ein, dass wir insbesondere die Schlussworte, die morgen wiederum
dreigliedrig gesprochen werden sollen, darauf beziehen, wie dieses
göttliche Licht, diese Christus-Sonne leuchten, so dass sie wie die
leuchtenden Sonnen gehört werden können von Osten, Westen, Norden, Süden.

Wir beziehen insbesondere auf dieses göttliche Licht, auf diese Christus-Sonne die Schlussworte, die am ersten Tage gesprochen worden
sind:

118

Göttliches Licht,
Christus-Sonne –
Das hören die Elementar-Geister
Von Osten, Westen, Norden, Süden:
Menschen mögen es hören!»

Damit haben wir in die Geheimnisse der unterbewussten Seelen-Regionen hineinblicken dürfen, in denen sich die Elementarwesen, durch die Gefühlskräfte der Menschen herbeigeholt, zusammen mit dem wirklichen, dem realen Christus-Impuls unserer Zeit so betätigen, dass sie an unserem Schicksal, an unserer Schicksals-Aufgabe mitwirken.

Aber in dem Masse, als uns das Problem des Rückwirkens der Taten mehr und mehr fassbar geworden ist, erhellt sich damit auch dasjenige des Rhythmus-Gesetzes in der Geschichte. Wir vertiefen uns mit dieser Frage in den zweiten Teil der Grundstein-Meditation. Sie lautet:

«Menschenseele!
Du lebest in dem Herzens-Lungen-Schlage,
Der dich durch den Zeitenrhythmus
Ins eigne Seelenwesensfühlen leitet:
Übe Geist-Besinnen
Im Seelengleichgewichte,
Wo die wogenden
Welten-Werde-Taten
Das eigne Ich
Dem Welten-Ich
Vereinen:
Und du wirst wahrhaft fühlen
Im Menschen-Seelen-Wirken.
Denn es waltet der Christus-Wille im Umkreis
In den Weltenrhythmen Seelen-begnadend.»

Was wir als eine Art Einweihung in die Welten-Werde-Taten erfahren dürfen, ist wiederum das Feld unseres Seelenwesensfühlens, das die Aufgabe hat, durch seine innere Bemühung sich selbst in das Seelengleichgewicht zu bringen. Dort führen die Welten-Werde-Taten das eigne Ich an die Vereinigung mit dem Welten-Ich heran. Im Menschen selber findet also ein sich Verweben statt, in der Vereinigung mit dem höchsten Ich-Wesen. Das geht im tiefen, verborgenen Seelengrunde vor sich. Es muss der Bewusstseinsseele ganz klar werden, dass sie als aktiv mitwirkendes Geistwesen zu einem Geschichtsfaktor geworden ist. In ihr wirken sich die Geschichtsrhythmen aus. In diesen Wogen des Weltenwerdens steht sie dadurch mit einer sicheren inneren Orientierung darinnen, weil sie das Geist-Besinnen geübt hat. Das ergibt sich dem Ich des Menschen, wenn er nur durchschauen kann, wie das Jahr 1957, das im ersten Viertel der neuen Kulturepoche wirkt, einen weiterführenden Impuls von 869 aufgenommen hat. Denn immer geht es um die Grundfrage, wie die auf Erden sich ausbreitende Kultur die Inkarnation des Menschen-Ich zulässt.

Wenn man beobachtet, wie heute im Kindheitsalter die Seelenkräfte an den Leib gefesselt werden, wie die Phantasie, welche die Aktivität der Seelen als Bild- und Imaginationsfähigkeit fördert, durch Kino und Fernsehen gelähmt wird, wie durch eine unerhörte Abstraktion des Unterrichts die höheren künstlerischen Seelenqualitäten zur Verödung gebracht werden – dann findet man keinen beherrschenden Inkarnations-Impuls mehr am Werk. Aber auch der Leib des Menschen erfährt vom Kindesalter an eine Behandlung und Zivilisationsbeeinflussung, welche ihm immer weniger erlaubt, die tiefgreifenden Lebensprozesse im Zusammenhang mit seiner seelisch-geistigen Entwicklung durchzumachen. Es muss das ganze Leib-Körper-Geschehen als eine Verhärtung und Sklerotisierung erkannt werden: zu schnell und zu früh alt werdende Körper wachsen heran, welche Seele und Geist nicht mehr als Schicksalsträger zur Tätigkeit im Leibe kommen lassen. Wie eine Sukzession des Impulses der Finsternis steht der Gang der Geschichte vor dem inneren Auge, der im stärksten Masse die Verneinung des menschlichen Wesens darstellt: 869 Abschaffung des Geistes, dann bis zum 20. Jahrhundert: Lähmung der Seele und in der Folge sich überschneidend die Verhärtung der Leiber[46]:

869 – 1413 – 1957.

Das notwendigerweise deprimierende Bild, welches in der Nachfolge der Tat von 869 sich ergibt, wirkt wie eine Aufforderung, nach einer Alternative in der Geschichte Ausschau zu halten. Sie ergibt sich, wenn man darauf hinschaut, dass Rudolf Steiner zuerst ganz dezidiert zwei Gebieten der Wissenschaft seine Forschung zugewandt hat: einmal dem Verhalten der Materie, der Stofflichkeit, wenn sie dem rhythmischen Prozess einer Verdünnung, der *Potenzierung,* unterzogen wird, und zweitens den Wirkungen, welche aus den Weltallräumen (Fische-Jungfrau z.B.) und aus den *planetarischen Konstellationen* und Bewegungen auf die Lebensvorgänge im Irdischen einstrahlen. Man möchte sagen, dass Rudolf Steiners Kurse, zum Beispiel der über die biologisch-dynamische Behandlung der Landwirtschaft 1924, wie ein therapeutischer Schutz gegenüber den 1957 einsetzenden Praktiken einer materialistischen Planetenerforschung angesehen werden dürfen. Gibt es auch dafür Ursachen, die weit zurückliegen?

Das Jahr 869 ist ja nicht nur durch jenen Konzilsbeschluss gezeichnet, sondern ist mit der Tatsache eines «übersinnlichen Konzils» tief verbunden. Durch die Menschheit zieht seitdem die Wirkung einer hohen spirituellen Begebenheit, die das Ätherische der Erde durchstrahlt infolge der Vereinigung der Christuswesenheit mit ihrem eigenen Lebensgeist, «die das geistige Leben der Menschen in intensiver Weise projektiert hat» (Rudolf Steiner). Müsste man demnach nicht auch erwarten dürfen, diese beiden Ebenen des *irdischen* Vorkommnisses und des *spirituellen* Ereignisses von 869 im Jahre 1957 wiederum gespiegelt zu finden?

Dazu wollen wir noch einmal auf die Weihnachtstagung 1923 hinblicken und ihren letzten Tag (1. Januar 1924) ins Auge fassen. Damals fand die ganze Tagung ihren mit Recht so erlebten Höhepunkt, als die Mitglieder von Rudolf Steiner und von Dornach in einer tief zu Herzen gehenden Weise Abschied nahmen. Die Worte Rudolf Steiners, die er ihnen mitgab, gipfelten in der Aufforderung, «wenn wir uns heute in der Erinnerung das Gelöbnis ablegen, jeder vor dem Göttlich-Besten, das er in der Seele trägt, treu zu bleiben den geistigen Impulsen.» Das war der Tag, an welchem ein Geist-Gelöbnis aus den tiefsten Gründen der Gemüter, aus den bewegten Herzenskräften sich erhob, zusammen mit dem Willensentschluss der unauslöschlichen Treue. Was sich da in den Seelen ereignete, verband sich mit der geistigen Welt, mit dem Reich der Elementarwesen und dem Geschichtsgrund des Christus. Da entstand ein geistiges Heraus- und Fortwirken, da war eine Saat gesät worden, die wieder zurückstrahlen wird, jetzt aber neu durchzogen von den Kräften geistig mitwirkender Wesen. Der Menschheit ist durch Golgatha der Geschichts-Rhythmus der 33 Jahre eingeprägt worden, der sich an jede Tat knüpft und nach 33 Jahren ihre Auferstehung mit sich bringt. So ist die Tat von 1924 in die Geschichte eingezogen und erlebte in der Aura von 1957 ihre Auferstehung. Ein Zweifaches durchzieht als Geschichtsrhythmus den Zeitenstrom:

Das Jahr 869 trifft in seinen Stationen 869 – 1413 schliesslich auf das Jahr 1957 auf; aber dieses Jahr wird ebenfalls geistig bestrahlt durch den 33-Jahr-Rhythmus von 1924. Das heisst, dass die Rhythmuswelle von 869 nicht mehr allein aus der Finsternis-Ebene wirkt, sondern wie aufgehellt und abgefangen erscheint durch die mit der Weihnachtstagung zusammenhängende Christus-Strömung.

Die *Weihnachtstagung* selber ist eingehüllt von der Aura des Christushaften: sie ist eine völlig freie Tat. Sie ist nicht Glied einer schon bestehenden Rhythmusfolge, sondern der Quell und die Schöpfung eines neuen Geschichts-Impulses. Durch sie hat Rudolf Steiner ganz neue Verhältnisse geschaffen, durch die eine reale Zeitenwende eintreten konnte. In der Verbindung mit Michael, in dessen neue Zeitgeist-Führung Rudolf Steiner sein Wirken souverän-dienend, gemäss seinem Entschluss während des übersinnlichen Konzils, hineinstellt, werden Quellen einer Therapie der Menschheitsentwicklung aus den ewigen Gründen des Geistes herausgeschlagen, die zu einem Strom der Erneuerung geworden sind. Auf diese Tatenfolgen treffen seither alle Machenschaften der Geister der Finsternis auf und müssen ihren eigenen Zerfall befürchten. Denn ein Grösster aus der Hierarchie der Menschen, ein Führer im Geiste hat eine neue Menschheitsgeschichte begründet.

Im Fortwirken der Weihnachtstagung

Die neue Michael-Herrschaft hatte 1879 begonnen. Rudolf Steiner, 1861 geboren, begann schon als Knabe seine Lebensaufgabe zu ergreifen: durch keine äusseren Güter gefördert, ein ärmliches Dasein führend, aber ganz unabhängig und frei von jeder Tradition, dabei erfüllt von unmittelbaren geistigen Erfahrungen, schickte er sich an, das Fundament seiner Geist-Erbildung kühn, kraftvoll aus eigenem Geistesquell selber zu bauen.

In einer Ansprache am 11. April 1912 an die russischen Anthroposophen, die sich in Helsingfors zu seinen Vorträgen eingefunden hatten, äusserte er folgendes: «Das ist nun die besondere Aufgabe Mitteleuropas gewesen, die Theosophie zu erlösen von den speziellen Eigentümlichkeiten, die sie erhalten hat im europäischen Westen. Es war unsere Mission, die Theosophie rein, rein herauszulösen von allen Spezialinteressen. Und je weiter Ihr eingehen werdet auf die Dinge, werdet Ihr finden, dass ich gewissermassen selber in der Lage war loszulösen alles, was ich theosophisch bringen durfte, von einem jeglichen Spezialinteresse. Es ist das eine symbolische Angabe, meine lieben theosophischen Freunde, aber symbolisch gesprochen – ich brauchte mich nur leiten zu lassen von dem, was als ein unmittelbarer Impuls in der gegenwärtigen Inkarnation vorhanden war, missversteht es nicht, es gibt ja nur eine Tatsache wieder: diejenigen, welche die äusseren Träger zum Beispiel jenes Blutes waren, aus dem ich stamme, sie stammten aus deutschen Gegenden Österreichs; da konnte ich nicht geboren werden. Ich selber bin in einer slawischen Gegend, in einer Gegend, die vollständig fremd war dem ganzen Milieu und der ganzen Eigentümlichkeit, aus der meine Vorfahren stammen, geboren. So drängte sich mir – ich will das nur symbolisch anführen – im Ausgangspunkt meiner gegenwärtigen Inkarnation sinnbildlich von selber auf, dass wir in Mitteleuropa den Beruf hatten, uns loszulösen von allem Spezialinteresse die Theosophie, so dass sie in Mitteleuropa wirklich vor uns steht wie eine Göttin, wie etwas ganz, ganz von allem Menschlichen losgelöstes Göttliches, das ebensoviel zu tun hat mit dem Menschen, der *da* lebt, wie mit jenem, der *dort* lebt, und das wird immer bleiben müssen[47].»

Das Durchsetzen dieses Freiheitsimpulses zeichnet den Geist Rudolf Steiners aus. Nicht aus Direktiven, aus Maximen usw. zu handeln, sondern aus den Intuitionen des freien Menschen heraus.

Aber auch der freie Mensch steht in den Gesetzmässigkeiten der Geschichte darinnen. Auch er muss mit den Möglichkeiten rechnen, die sich aus den Gegebenheiten heraus anbieten. Die Frage, wie man mit seinen Impulsen in der geschichtlichen Gegenwart darinnen steht, muss bewusst und in Besonnenheit angeschaut werden.

In einem Notizbuch Rudolf Steiners fanden sich Eintragungen aus dem Jahre 1924, aus denen sich ergibt, wie er gewisse Rhythmen seines Lebens in der Rückschau betrachtete. Man sieht auf der oberen Seite des Notizblattes folgende Rechnung:

$$1869 = 8$$
$$869$$

Der Gedanke in diesen Zahlen könnte so formuliert werden: Als tausend Jahre seit dem Konzil von 869 vergangen waren, also 1869, war ich ein Kind von 8 Jahren. Mein Lebenslauf ist mit dieser Jahrtausendwende verknüpft. – Weiter sind andere Zahlen notiert, die seine eigenen Lebensalter, von 1861, seiner Geburt an, errechnen:

1861	1861	1897	1861
21	28	1861	42
1882	1889	36	1903

1888 zerschellt Ahriman.

1861
27

Er schrieb dazu die folgenden Sätze:

«Meine eigene ‹Verstandesseele› (28–35) wird 1889–1896 in der der Sinnenwelt angrenzenden Welt des Ätherischen gehalten. Von 1882–

1889 (21–28) = da bin ich ganz in der geistigen Welt, die an die Sinnenwelt angrenzt.

1889 trete ich ein in die Welt, die in den Angel. terr. (terrestrische Angeloi) *die materiellen Lehren angenommen hat –*, es gibt da eine der menschl. nachirdischen ähnliche Welt, die materiell ist; aber die das Materielle auf geistige Art offenbart.

1897 = die Angeloi werden stark, die zu Ahr. drängen/
1903 = die christlichen Mysterien gehen auf.»

Auch dieser Teil seiner Notizen zeigt Einblicke in die Zusammenhänge, die sich ihm zwischen seinem Lebenslauf und der weltgeschichtlichen Situation am Ende des neunzehnten Jahrhunderts ergeben. Sein Darinnenstehen in bestimmten übersinnlichen Welten beim Beginne des neuen Michaelzeitalters zeigte ihm das Weiterwirken jener Angeloi, die von der Michael-Herrschaft abgefallen waren und den Charakter von irdischen, terrestrischen Angeloi angenommen hatten. Wie sehr er selber den Kampf gegen den Gegner Michaels – Ahriman – aufgenommen und mit Macht geführt hatte, zeigt seine kurze Jahresdatum-Rechnung, die ihn besonders anging:

$$\begin{array}{r} 1888 \text{ zerschellt Ahriman} \\ \underline{1861} \\ 27 \end{array}$$

Als er im Alter von 27 Jahren stand, hatte er in Wien einen Vortrag zu halten mit dem Thema *Goethe als Vater einer neuen Ästhetik*[48]. Dieser Vortrag musste ein starkes geistiges Erlebnis für ihn bedeutet haben. Denn anschliessend daran fand eine Aussprache statt, in welcher der Zisterzienserpater Wilhelm Neumann den «merkwürdigen Ausspruch (machte): Die Keime zu diesem Vortrage, den Sie heute uns gehalten haben, die liegen schon bei Thomas von Aquino[49]!»

Diese Begebenheit schilderte Rudolf Steiner später karmisch genauer am 12. September 1924: «Es war ein Zisterzienser-Ordenspriester da, einer, der ein ganz besonders ausgezeichneter Mensch war, und als ich meinen Vortrag beendet hatte, sagte er etwas ganz Eigentümliches, etwas, das ich nur in der Form andeuten möchte:

An dem „Willen zur Macht" zerstellt
Nietzsche =

Nietzsche = Anfang | = die .... Welt ~

1897 = die Ang. werden ...., die
zu abr. drängen /
1903 = die christl. Myst. gehen
auf =

Meine eigene „Vergangenheit" wird
1889 – 1896 in der der Sinnenwelt
angrenzenden Welt des ..... gehalten :
von 1882 – 1889 = da bin ich ganz
in der geistigen Welt, die an die
Sinnenwelt angrenzt.
1889 trete ich ein in die Welt —

Faksimile aus einem Notizbuch Rudolf Steiners

$1869 = \frac{8}{9}$

869

$\frac{+8}{1888}$ zerfällt schon

1861
——
27.

1897
1861
——
36 =   21-28
          28-25
          25-42.

1861
42
————
1903

1861
28
————
1889   1861
              21

↗ die in den Augd. ser.? die
materiellen leben angenommen hat;
es giebt da eine der menschl.
-nachiersschen spr. Welt, die
mat. ist; aber die das materielle
auf gewisse art offenbart ↗

Er brachte mir ein Wort entgegen, in dem gelegen war seine Erinnerung an ein Zusammensein von ihm mit mir in einem früheren Erdenleben[50].»

In seiner Biographie *Mein Lebensgang* schreibt er im siebten Kapitel: «Gerade in der hier dargestellten Zeit meines Lebens errang ich mir die bestimmten Anschauungen über die wiederholten Erdenleben des Menschen. Vorher lagen sie mir zwar nicht ferne; aber sie rundeten sich nicht aus den unbestimmten Zügen heraus zu scharfen Eindrücken. Theorien aber über solche Dinge wie wiederholte Erdenleben bildete ich nicht in eigenen Gedanken aus; ich nahm sie zwar in das Verständnis aus der Literatur oder andern Mitteilungen auf als etwas Einleuchtendes; aber ich theoretisierte selbst nicht darüber. Und nur, weil ich mir wirklicher Anschauung auf diesem Gebiet bewusst war, konnte ich das erwähnte Gespräch mit Professor Neumann führen[3].»

Und das achte Kapitel beginnt er mit den folgenden Sätzen: «In dieser Zeit – (um 1888 herum) – ward ich auf der einen Seite zur scharfen geistigen Konzentration durch mein inneres Seelenleben gedrängt... In meinem Innern ergab sich durch die ausführliche Einleitung, die ich zum zweiten Bande der von mir herauszugebenden naturwissenschaftlichen Werke Goethes zu schreiben hatte, die Nötigung, meine Anschauung von der geistigen Welt in die Form einer gedanklich durchsichtigen Darstellung zu bringen[3].»

Man sieht an diesen selbstbiographischen Bemerkungen, dass Rudolf Steiner um das 28. Lebensjahr herum in strenger innerer Arbeit in der Erforschung der geistigen Welt und der konkreten Anschauungen über die wiederholten Erdenleben stand. Konkrete Anschauungen: er überschaute in realem Erleben seine eigenen Beziehungen zu Thomas von Aquino ebenso wie zu Aristoteles. Überall begegnet man in seinen Vorträgen den entsprechenden Hinweisen, die dem Kenner der Anthroposophie deutlich genug sagen, was gemeint ist, und aus denen sich jene Vorträge dann verstehen lassen, die er einerseits als *Okkulte Geschichte. Persönlichkeiten und Ereignisse der Weltgeschichte im Lichte der Geisteswissenschaft* (1910)[51], und dann als Höhepunkt der Inkarnationsoffenbarung an der Weihnachtstagung 1923 gehalten hat als *Die Weltgeschichte in anthroposophischer Beleuchtung und als Grundlage der Erkenntnis des Menschengeistes*[52].

Die geistige Forschung, die Rudolf Steiner ein Leben lang betätigt hatte, führte dazu, dass in einem ungewöhnlichen Ausmasse die Geist-Erkenntnis wieder zum Mittelpunkt des Menschenlebens wurde. Sie entwickelte sich zum Fundament eines neuen Geisteslebens des Abendlandes. Dass sich gegen eine solche unerhörte Tat alle ahrimanischen Widersacher auflehnten und ihn aufs schwerste bekämpfen mussten, bedarf keiner besonderen Betonung. Man konnte aber die gefährliche Krise, in der dieser siebenundzwanzigjährige Geisteskämpfer darin stand, – in einer Welt voller schlafender Seelen – kaum nüchterner und knapper in ihrem Resultat in das Notizbuch einschreiben als *1888 zerschellt Ahriman*. Schritt für Schritt, Kampf um Kampf und Sieg um Sieg ging er, der das Michael-Zeitalter repräsentiert, seinem Ziel entgegen. Daran zerschellte Ahriman.

Aus der Überschau seines Lebens, aus dem Wissen um die Jahrtausende seines Geistesweges, erhalten die letzten Jahre dieses Lebens ihre wirkliche Beleuchtung. Die Grundsteinlegung von 1913 bekommt zum Beispiel eine neue Bedeutung als Markstein in der Enthüllung der geistigen Welt und aus dem Licht, das durch das kosmische Gebet auf sie fällt. Und die Weihnachtstagung 1923 wird nur dann als höchstes Ereignis in der jahrtausendealten Menschheitsgeschichte gesehen, wenn man erfassen kann, dass seither aus den Schleusen des Geistes weggeschwemmt wurde, was durch die Finsternisgewalten des ahrimanischen Geistesstromes um 869 aufgerichtet worden war. «Man muss warten» hiess es in den Karmavorträgen von 1924, als Rudolf Steiner den durchchristeten Aristotelismus mit der anthroposophischen Bewegung zur Michaelsströmung unserer Zeit vereinigte und dies in dem grossen Karma-Aspekt schilderte:

«In der einen oder in der anderen Weise sind diejenigen, die in ehrlicher Weise den Drang bekommen, in die Anthroposophische Gesellschaft hereinzukommen, verbunden mit dem, was so stattgefunden hat wie die Begegnungen Alexanders und Aristoteles' mit Harun al Raschid und seinem weisen Ratgeber oder dergleichen. Irgendsoetwas hat das Karma bestimmt, das dann so auftritt im gegenwärtigen

Erdenleben, dass der Drang entsteht, das Spirituelle in der Weise zu bekommen, wie es gerade in der anthroposophischen Bewegung gepflegt wird» (14. 8. 1924)[32].

Als dann die Weihnachtstagung durch neun Tage hindurch alle diese Seelen auf dem Boden des Goetheanums versammelt hatte, da waren diejenigen Menschen beisammen, die als Lehrer in der übersinnlichen Michaelschule gelehrt hatten wie Alexander und Aristoteles; da waren die beisammen, welche in dem übersinnlichen Konzil mitgemacht hatten das geistige Ringen mit Harun al Raschid und seinem Kreis. Aber nicht nur die Seelen, die aus der Michaelströmung von damals sich wieder in der Anthroposophischen Gesellschaft verkörpert hatten. Denn so wie Rudolf Steiner eine Einladung an die Mitglieder zur Gründungsversammlung in Dornach hatte ergehen lassen, so war auch im höheren Masse die *Einladung* an die führenden Mächte der geistigen Welt und an die grossen Individualitäten ergangen, etwa eines Christian Rosenkreuz oder eines Novalis, der zu den Vorboten der Anthroposophie gehörte und ein Träger des Michaelimpulses war. Denn man darf nicht vergessen, dass der Grundsteinspruch «mit dem Willen der geistigen Welt» gesprochen worden war und dass «Anthroposophie ein Götterdienst» ist. Das heisst, dass man die Weihnachtstagung als ein Konzil mit hohen Geistwesen im Sinne der Michaelherrschaft und mit all den durch die Todespforte gegangenen vielen Mitgliedern ansehen muss, und dass die Menschen in ihrer Geistes-Stimmung und Begeisterung sich über die Schwelle hinüber in *diese* Geistversammlung begeben hatten.

Wenn die Anthroposophische Gesellschaft als Gefäss der Bewegung damals ihre Weihe erhalten hatte, dann war es zum feierlichen Geistesdienst auf Erden geworden, des Menschen Bewusstsein zur Pflege und Fortdauer des Weihnachtstagungs-Ereignisses zu erheben.

Wenn Rudolf Steiner so nachdrücklich auf die Fortdauer der Weihnachtstagung hinweist, dann wird damit der geistige Tatbestand ausgedrückt, dass er als Führer in der Michaelherrschaft seine Aufgabe in dieser Geistesströmung mit denen, die dazugehören, fortsetzen werde, durchdrungen von den Strahlen der Christus-Sonne und jenem Geist, der als Michael das Antlitz Christi genannt wird. Damit wird

130

auf das Unerschütterliche der Weihnachtstagung als Ereignis der geistigen Welt hingewiesen. Es ist in die Freiheit des Menschen, konkret: der Mitglieder gestellt, ob auch sie den Durchhaltewillen besitzen getreu diesem *Konzil zu Dornach* – oder ob sie der Meinung erliegen, dass die *Weihnachtstagung nicht gelungen sei.*

Es möge nunmehr noch wegen seiner grossen geistigen Bedeutung das *Fortwirken der Weihnachtstagung* ausführlicher behandelt werden. Rudolf Steiners Worte darüber im Stuttgarter Vortrag vom 6. Februar 1924 sind wegleitend für die Betrachtung. Er gab noch einmal eine fast beschwörend-ernste Charakterisierung der Weihnachtstagung, die Wendungen enthält, denen man eine tief verborgene, nur schwer in Worte zu bringende Bitte anhört, die aber nicht nur an die Mitglieder, sondern auch an die Menschheit gerichtet ist:

«Hinschauen auf die Weihnachtstagung bedingt schon eine gewisse Verantwortlichkeit in der Seele, sie wirklich zu machen, während sie sich sonst zurückzieht von dem Erdendasein, dieselbe Richtung gehen wird, die ich heute von dem Mondenwesen beschrieben habe. Sie war natürlich in einem gewissen Sinne in der Welt da. Ob sie als Weihnachtstagung für das Leben wirksam sein wird, hängt davon ab, ob sie fortgesetzt wird. – Sehen Sie, wir haben das ja recht deutlich zum Ausdruck gebracht. In das Herz jedes Teilnehmers wurde versenkt der spirituelle Grundstein für die Anthroposophische Gesellschaft. Wir haben zwar formell geschlossen, aber eigentlich sollte diese Weihnachtstagung nie geschlossen sein, sondern immer fortwähren in dem Leben der Anthroposophischen Gesellschaft...

Es ist eben so gekommen, dass ich in einem Lebensalter, wo man sich gewöhnlich schon pensionieren lässt, erst anfangen muss, denn in der Tat, ich betrachte das, was mit der Weihnachtstagung in Dornach geschehen ist, als einen Anfang, als einen richtigen Lebensanfang...

So wollen wir zusammenwirken, so wollen wir aber auch die Dornacher Tagung wirklich als etwas Berechtigtes, als etwas Ernstes betrachten...

Dann werden wir in der richtigen Weise in der Weihnachtstagung nicht bloss eine Festwoche gehabt haben, sondern etwas Weltwirkendes, Menschengeschick Bezwingendes. Und alles Weltwirkende und Menschengeschick Bezwingende kann der richtige Impuls für anthroposophische Arbeit, anthroposophisches Wirken, anthroposophisches Leben sein[32].»

Welche *Bitten* an die Menschenseelen sind in diesen Sätzen enthalten? Sie lauten:

Wirkt von nun an zusammen.

Betrachtet die Weihnachtstagung als etwas Ernstes.

Bemerkt, dass in ihr etwas Weltwirkendes da ist, etwas Menschengeschick Bezwingendes.

Geht nicht an der Stunde der Entscheidung vorbei, die darin besteht, dass die Weihnachtstagung entweder «für die anthroposophische Sache nichts oder alles ist. Sie wird nichts sein, wenn sie keine Fortsetzung findet... sie ist erst eine Wirklichkeit durch das, was durch sie geschieht, was fortwährend im Leben der Anthroposophischen Gesellschaft durch sie geschieht[32].»

In diesen Worten ringt Rudolf Steiner um die Geisteswachheit der reifen Menschenseelen. Die Weihnachtstagung hatte sich in einer Sphäre höchsten Bewusstseins zugetragen. Wenn dieser für ihn so ergreifende *Lebensanfang* nun der Impuls des Hineinfliessens der ganzen Anthroposophie in die Arbeit, in das Wirken, in das Leben werden sollte, dann brauchte es das wirkliche Verstehen, das Sichdurchdringen und das fortdauernde Leben, das heisst: Geist, Herz und Willen der Mitglieder.

Auch der Grösste auf Erden brauchte einst Menschen-Seelen, welche die Hülle für seine Mission durch ihr Miterleben schufen. Das war bei der ersten Zeitenwende da, wo die drei fortgeschrittensten Jünger wach und bewusst bleiben sollten, um das Mysterium im Durchtragen zu ermöglichen. Jedoch – sie schliefen. Bei der Zeitenwende des Jahres 1923 war wiederum eine Hülle aus dem Seelenstoff des inneren Verstehens, des Sichdurchdringens und des Entschlusses, *dabei- und treuzubleiben,* notwendig, um eine Menschheitswende herbeizuführen. Wurde Rudolf Steiner allein gelassen?

Das *Verstehen* war am Anfang als tiefes und erschütterndes, aber noch unaussprechliches Erleben vorhanden und nur dem Bewusstsein *weniger* zugänglich.

132

Das zweite Goetheanum

Das *Sichdurchdringen* mit dem Impuls der Weihnachtstagung war bei vielen Mitgliedern zur Substanz ihres Schicksals geworden.

Das *Fortwähren* der Weihnachtstagung jedoch war den Angriffen umfassender Zerstörungskräfte am meisten ausgesetzt. Durch sie wurde das Nicht-Enden der Weihnachtstagung in Frage gestellt, da eine Fortdauer unlöslich mit der gemeinsamen Lebens- und Willensrichtung im Zusammenwirken verbunden ist. Mit dem *Nicht-Enden* ist aber ebenso das Andauern im Zeitenstrom verknüpft, das dem geistigen Leben wie ein Ätherleib innewohnt. Damit ist ein Geheimnis angetönt, das in dem Prinzip des höheren Lebensgeistes verborgen liegt. Etwas davon wird einem näher kommen, wenn sich das Suchen dem *himmlischen Konzil* des Jahres 869 zuwendet, um dort die Quelle zu finden, die jenes geistige Fortwähren als Lebensprinzip in sich enthält. Dazu vertiefen wir uns noch einmal in die Darstellung Rudolf Steiners vom 27. August 1924, London:

«Hier in der Welt, die unmittelbar als geistige Welt an unsere physische Erdenwelt angrenzt, begegneten sich Alexander und Aristoteles, Harun al Raschid und sein Ratgeber, sich auseinandersetzend über den weiteren Fortgang der Christianisierung Europas, hinweisend auf dasjenige, was kommen musste am Ende des 19. Jahrhunderts, im 20. Jahrhundert, wo die Michaelherrschaft wiederum auf Erden sein kann... Das war der wirkliche Verlauf der Ereignisse: in der physischen Welt das Konzil von Konstantinopel, in dem der Geist abgeschafft wird; in der unmittelbar an die physische Welt angrenzenden Welt ein himmlisches Konzil, das sich so abspielte, indem der Christus selber seinem Gegenbilde begegnete[32].»

In diesem Gegenbilde hat man «die Begegnung des Christus mit seinem Ebenbilde, mit seinem Lebensgeist» zu verstehen. Denn so schildert Rudolf Steiner den kosmischen Vorgang weiter: «In derselben Zeit... drang dort der wirkliche Christus, der Christus, der heruntergestiegen war, der seinen *Geistesmenschen* oben auf der Sonne gelassen hatte, seinen *Lebensgeist* in der Atmosphäre der Erde hatte, der drang, indem er sein Ich heruntertrug – noch mit dem Geistselbst heruntertrug auf die Erde – vom Osten nach Westen... herüber nach Europa[32].»

134

Von dieser Vereinigung des Christus-Ich und Geistselbstes mit seinem im Umkreis der Erde tätigen Lebensgeist gingen jene hellen Geistesstrahlen aus, die alles durchdrangen, was im Jahre 869 in den verschiedenen Regionen für die Menschheit vor sich ging. Auch jener Impuls der Finsternis, der dem Menschen seine Geistigkeit nehmen sollte, war davon nicht ausgenommen. Von dem alles überstrahlenden himmlischen Christus-Konzil wurde das geistige Leben der Menschen *projektiert,* was einen spirituellen Entschluss kennzeichnet, der sich in der Zukunft auswirken sollte. Wenn man den Bogen des geschichtlichen Zusammenhanges von 869 herüberführt in das heutige Wirken Michaels im 20. Jahrhundert bis zur Weihnachtstagung hin, dann muss man die neue Christusvereinigung zwischen seiner auf Erden wirkenden Ich-Geistselbst-Wesenheit mit dem im Umkreis der Erde strahlenden Lebensgeist als zentrales Ereignis für die Zeitenwende von 1923 verstehen. Die uns erst in dem Karmavortrag von London bekannt gewordene Vereinigung der Christus-Wesensglieder stellt eine Tatsache dar, von der ein neues Verstehen unserer Zeit gewonnen werden muss, da sie als irdisches Abbild die Vereinigung der Gralsströmung mit der Artusströmung hervorgerufen hat.

Wenn die Weihnachtstagung mit allen Zusammenhängen, die sich aus den geistigen Vorgängen ergeben, so geschaut wird, dass sie aus den gewöhnlichen *Tagungs-Massstäben* hinweggehoben wird, dann kann auch die ätherische Zukunft der Menschheit in ihrem Strome lebend gesehen werden.

Man kann das Wort Rudolf Steiners nun ganz anders aufnehmen, dass es besser gewesen wäre, sich nicht zu versammeln, wenn die Weihnachtstagung nur so genommen werde wie man früher Tagungen genommen habe. Man erlebt an ihr das hohe Walten eines ganzen Geschichtszyklus, der alle irdischen Massstäbe aufhebt. Es ist der Menschheits-Geist selber, der in dem Geschehen wirkt, das wir Weihnachtstagung nennen.

Es wird darum auch die Frage, wie denn die Weihnachtstagung weitergegangen sei, nachdem sie formell ihren Abschluss gefunden habe, aus all dem bisher Behandelten eine neue Beleuchtung erhalten.

Man kann eine kurze Antwort dadurch geben, dass man sagt:

Rudolf Steiner habe durch sein Wirken bis zu seinem Todestage am 30. März 1925 in umfassender Weise geantwortet. Denn er habe in allen geistigen Offenbarungen, die hauptsächlich den ungeheuren Kosmos der Karmaforschung enthielten, den Strom der Michaelsgeheimnisse auf die Erde gebracht. Denn «Karmadarstellungen sind Michaelsgeheimnisse». Der weltgeschichtliche Akzent liegt jedoch darin, dass er damit eine Weltenaufgabe gelöst und diese Michaelsgeheimnisse als dauerndes Erkenntnisfundament der Kultur übergeben hat. Damit hat Rudolf Steiner den Finsternis-Impuls des Konzils von 869 überwunden, indem er die Geistnatur der menschlichen Individualität unausrottbar im Menschen verankerte.

Die Anthroposophische Bewegung muss daher im Geistesleben unserer Zeit von Mensch zu Mensch weiterwirken. Davon ausgehend, können wir die Tatsache besonders betrachten, die durch die Spaltung und Abspaltung in der Hierarchie der Angeloi sich gebildet hat.

Denn wenn gewisse Führerwesen des menschlichen Schicksals, die Angeloi, sich aus der Gemeinschaft mit Michael lösten, dann war eine Zusammengehörigkeit von Menschen, die nach Schicksalsgesetzen hätte bestehen müssen, verunmöglicht. Damit waren derart weitreichende irdisch-kosmische Störungen gegeben, dass kaum mehr eine wahre Ordnung unter den Menschen in geistiger und sozialer Hinsicht sich verwirklichen konnte. Statt eines karmischen Ausgleichs musste die karmische Beziehung wie ersticken und den Menschen an seiner inneren Entwicklung verhindern. Unausgetragenes Karma hätte zu keinem Ausgleich mehr geführt, sondern zu einem Berg von Belastung, unter welchem auch die Seelen ihre Höhenziele hätten aufgeben müssen. Die weitere Folge wäre die Lähmung der Seelenkräfte gewesen, die in der Vertierung oder *Animalisierung* endet.

Das Bild, welches sich als Ausdruck der Auflehnung gewisser Angeloi gegen Michael vor die Seele stellt, ist derart düster und bedrückend, dass man keinen Ausweg aus einer solchen Untergangssituation des Menschenlebens finden kann.

Wenn diese Konsequenz so klar und eindringlich als möglich vor dem inneren Auge steht, dann wird die Tat Rudolf Steiners, unserer Kultur am Anfang des Michaelzeitalters den Karma- und Reinkarnationsgedanken zu bringen, in ihrer ungeheuren Grösse sich enthüllen. Die Anthroposophie als konzentriertester Geistesstrom, in welchem sich um Christus und mit Michael die führenden Weltall-Wesen sammelten, war durch Rudolf Steiner dazu inauguriert worden, um jenen Kampf einzuleiten, der am Ende unseres Jahrhunderts die Menschheitskultur retten und befreien soll. Und die Weihnachtstagung war Urbild und Abbild seiner Tat in einem: Urbeginn, Lebensanfang, Zeitenwende.

Wenn in den anthroposophischen Zweigabenden jene Arbeit geleistet wird, die als Anthroposophie zu den Herzen geht und als dauernder Baustein zum *Goetheanum* hinkommt, dann wird weitergebildet, was damals als Weihnachtstagung in die Welt trat. Es wird an der Ordnung des Karmas gearbeitet, wodurch das *Menschengeschick-Bezwingende* eingeleitet wird. Doch auf eines muss eindringlich hingewiesen werden:

Rudolf Steiner bleibt mit seinem hohen Geisteswerk verbunden und wir mit ihm, wenn wir verstehen, was es heisst: dass sein Name niemals von seinem Werk getrennt werden dürfe.

Dieses bedeutende Wort, das für vieles im Leben der Gesellschaft ein Geistmotiv, ein Mahnwort und eine Urteilsgrundlage sein kann, kommt uns aus zwei Mitteilungen entgegen, die überliefert worden sind. In einem Aufsatz vom 28. Juni 1925 schrieb Ita Wegman: «Eine Kontinuität in der Arbeit, selbst bis in die Form hinein, sollte gewahrt bleiben, damit nicht eine Zersplitterung und eine Abtrennung statthaben können zwischen dem anthroposophischen Weisheitsgut und der Persönlichkeit Dr. Steiners. Denn so waren einmal seine eigenen Worte: Ich habe nur den physischen Plan zu verlassen, und wenn es dann den Gegenmächten gelingen würde, die Anthroposophie von mir zu trennen, in dem Sinne, dass die Lehre an die breite Masse geht, ohne Kenntnis von mir, so dass sie verflacht, dann würde das geschehen, was von ahrimanischen Wesen gewollt und bezweckt war[53].»

Dasjenige, was Marie Steiner in ihrem Aufsatz: *Welches sind die Aufgaben des Nachlassvereins?* darüber mitteilte, lautet folgendermassen: «Er sprach zu mir von der Zeit, wo er nicht mehr da sein werde, und wo ich für sein Werk einzustehen haben würde, dafür auch, dass dieses sein Menschheitswerk mit seinem Namen verbunden bliebe. Denn wenige würden ihm treu bleiben, und es bestünde die Gefahr, dass wenn sein Werk von seinem Namen losgerissen würde, es seinen ursprünglichen Intentionen entfremdet werde. Dann würden gegnerische Gewalten sich der darin enthaltenen Kräfte bemächtigen können und sie für ihre eigenen Absichten gebrauchen» (Juli 1945).

Diese Worte werden auch in Zukunft treu beachtet werden müssen. Sie gehören zur Wegweisung im Wirken der Mitglieder.

138

Der eventuelle Nachfolger

In den Prinzipien[54] der *Anthroposophischen Gesellschaft* kommt dem Paragraphen sieben eine ausserordentliche Bedeutung zu, da er eine Bestimmung enthält, die im ganzen der Prinzipien ein zentrales spirituelles Gewicht besitzt. Trotzdem wurde aber an der Weihnachtstagung die Möglichkeit zur Fragestellung von den Mitgliedern nicht benutzt. Man kann das gut verstehen, denn es muss wohl jeder eine tiefe Scheu empfunden haben, darüber eine Aussprache anzufangen oder das Begehren danach zu stellen.

Der § 7 hat den folgenden Wortlaut: «Die Einrichtung der Freien Hochschule für Geisteswissenschaft obliegt zunächst Rudolf Steiner, der seine Mitarbeiter und seinen eventuellen Nachfolger zu ernennen hat.»

Durch diesen einen Satz wird eine dreifache Angelegenheit geregelt:

1. Die Einrichtung der Freien Hochschule;
2. Die Ernennung der Mitarbeiter Rudolf Steiners;
3. Die Ernennung seines eventuellen Nachfolgers.

Diese drei Punkte sind ausschliesslich die Angelegenheit Rudolf Steiners und ihm allein vorbehalten.

Es war damals und es ist bis zum heutigen Tage jedem Mitglied einleuchtend, dass über diese Fragen allein derjenige zu befinden hatte, der die sachlich-geistige Kompetenz besass, die Hochschule zu gründen, einzurichten, aufzubauen und zu leiten. Der Paragraph sieben enthält also alles, was mit der spirituellen Funktion der Leitung zusammenhängt, und die konnte nur Rudolf Steiner haben. Dazu gehörte selbstverständlich die Ernennung seiner Mitarbeiter, die in dem Moment nötig wurde, als die Hochschule ihr Wirken mehr und mehr auszudehnen hatte. Das war zum Beispiel bei der Ernennung der Sektions-Leiter der Fall, die im Sinne des Paragraphen sieben die Mitarbeiter Rudolf Steiners waren.

Für lange Zeit galt das ebenso für den dritten Punkt: dass die Ernennung seines eventuellen Nachfolgers als Leiter der Hochschule nur durch Rudolf Steiner erfolgen könnte. Und das mit Recht. Als nach dem Hingang von Rudolf Steiner sich herausstellte, dass er keinen Nachfolger ernannt hatte – was nicht mit dem Vorsitz innerhalb des Vorstandes verwechselt werden darf –, wurde diese Tatsache ganz in Übereinstimmung mit Paragraph sieben der Prinzipien angesehen. Trotzdem müssen heute darüber Gedanken geäussert werden, die dazu führen, in dieser offenbar so klaren Regelung etwas zu entdecken, was zu einer wesentlichen Vertiefung des Nachfolger-Problems Veranlassung gibt.

Zunächst verdient es festgehalten zu werden, dass Rudolf Steiner wohl der einzige gewesen ist, welcher schon vor der Weihnachtstagung sich gerade über die Frage des Nachfolgers genaue und bestimmte Gedanken gemacht hatte. Die *Prinzipien der Anthroposophischen Gesellschaft* waren schon vor dem Beginn der Tagung gedruckt worden. Es war ihm also bei der Konzeption der Prinzipien – oder Statuten – klar gewesen, dass eines Tages das Problem der Nachfolge auf ihn zukäme und es nicht anders als durch eine Ernennung durch ihn gelöst werden könnte. Diese in der Sache selber liegende Einfachheit wurde jedoch zu einem besonderen Rätsel, weil er schon damals eine gewisse *Eventualität* erwogen hatte.

Man verstand nun das Wort *eventuell* gar nicht anders, als dass damit eine unbestimmte, ganz offene *Möglichkeit* bezeichnet wurde: *wenn* sich ein Nachfolger finden liesse, dann wäre eine Ernennung durch Rudolf Steiner auszusprechen. Wenn jedoch kein Nachfolger gefunden werden könnte, dann müsste die Leitung der Hochschule unbesetzt bleiben. Das Wort *eventuell* umschrieb also eine noch nicht sichere Situation. Es war damit unmissverständlich der Mitgliedschaft mitgeteilt, dass man im gegebenen Falle auch ohne einen designierten Nachfolger würde weiterzuarbeiten haben, da ein solcher nicht existiere oder nicht habe gefunden werden können. Damit war eigentlich alles, was mit der Nachfolge zusammenhängen konnte, genügend klargestellt.

Nun musste man aber bald gewahr werden, wie sich im Laufe der

Zeit nach und nach Überlegungen ergaben, die nicht mehr eine so restlose Sicherheit darüber aufkommen liessen. Hauptsächlich waren zwei Gedanken im Vordergrund, die zur Beantwortung und Klarheit drängten. Einerseits bestand die Frage, warum Rudolf Steiner es für angezeigt gefunden hatte, in den *Prinzipien* überhaupt von der Nachfolgeschaft zu sprechen, wenn sie noch gar nicht eindeutig geordnet werden konnte, weil mit ihr eine Unbestimmtheit, eben eine Eventualität verbunden war. Musste denn im Sinne eines Statutes eine *Eventualität* eingefügt werden, statt diese Frage dem Leben selber anheim zu stellen und sie erst dann ins Auge zu fassen, wenn sie unmittelbar gelöst werden musste und gelöst werden konnte?

Die andere Frage war diese, ob man das Problem des eventuellen Nachfolgers auch wirklich in seiner Komplexität begriffen habe und nicht an einem gewissen einseitigen Gedankengang hängen geblieben sei.

Wenn man zunächst den einseitigen Gedankengang skizzieren wollte, dann müsste er in seiner Einfachheit folgendermassen lauten: Vor seinem herannahenden Tode musste Rudolf Steiner seinen Nachfolger ernennen. Diese Ernennung hinge jedoch davon ab, ob ein solcher da wäre, der die Hochschule leiten könnte. Sollte sich keiner finden, dann wäre eine Ernennung unmöglich und die Hochschule besässe von da an keine Leitung mehr.

Man stände also vor der kaum zu begreifenden Situation, dass Rudolf Steiner mit einem ungeheuren Ernst eine Freie Hochschule ins Leben riefe, für die aber im Falle einer Nichternennung eines Nachfolgers in keiner Weise eine Vorsorge getroffen wäre, die eine solche schwere Lage in einer angemessenen Weise hätte auffangen können. Und trotzdem hätte die Aufforderung weiterhin bestanden, die *Weihnachtstagung* nie aufhören zu lassen, sondern ihren Geistesstrom weiterzupflegen. In ihrem Geiste müsste der Vorstand die Anthroposophische Gesellschaft – ohne Leitung der Hochschule – esoterisch weiter leiten und führen, als esoterischer Vorstand.

In dieser Art müsste man viele Gedanken durchdenken, ja, ihnen standhalten können. Und ebenso müsste man den Weiheakt der Begründung der Gesellschaft durch den geistigen Grundstein, der mit dem Willen der geistigen Welt in die Äther-Herzen der Anwesenden versenkt worden war, mit dem Fehlen einer Leitung der Hochschule zusammenbringen.

Die geistige Geschlossenheit mit dem Urbild der Einheit von Bewegung und Gesellschaft dürfte nie fraglich werden, denn die Weihnachtstagung war eine *mystische Tatsache* gewesen.

Man muss nun die Frage, die sich mit aller Macht aufdrängt, ernsthaft stellen: ob Rudolf Steiner denn *so* gedacht habe. Waren ihm die Folgen, welche die Nichternennung eines Nachfolgers unbedingt haben musste, verborgen geblieben und damit auch das Eintreten einer tiefgehenden Unsicherheit?

Die Antwort kann kaum anders lauten als Nein. Das alles konnte sicher nicht *so* im Geiste Rudolf Steiners gelebt haben. Es gibt nur eine Feststellung: das Problem, welches in bezug auf den «eventuellen» Nachfolger von Anfang an bestand, muss von einer neuen Seite her verstanden werden!

Vielleicht lässt sich ein neuer Weg für das Verstehen der im Grunde bedrückenden Lage finden. Man rufe sich einige Handlungen Rudolf Steiners vor die Seele, die bisher ausserhalb der Betrachtung blieben. Da haben wir die Tatsache, dass Rudolf Steiner bis zum letzten Tage seines Lebens Anweisungen gab und Aufsätze sowie seine Biographie schreiben konnte. Noch am 15. März 1925 ordnete er klar und deutlich den Übergang der Leitung der Freien Waldorfschule von sich auf den *Eigenrat* des Lehrerkollegiums an.

Auf der anderen Seite nahm er weder mündlich noch schriftlich *Abschied* vom Gründungsvorstand, den er an der Weihnachtstagung gebildet hatte. Er gab ihm auch keine Richtlinien, keine Ratschläge. Er ging – ohne ein Wort!

Ita Wegman, die als Ärztin während seiner Krankheit um ihn war, schrieb über die letzten Stunden seines Lebens in einem Aufsatz für das *Mitteilungsblatt* am 26. April 1925:

«Im vollen Bewusstsein, aber ohne ein Wort über die Zukunft gesprochen, ohne Anweisungen oder Botschaften für diese oder jene Persönlichkeit hinterlassen zu haben, ist der Meister von uns weggegangen. Und eine direkte Frage diesbezüglich wurde bewusst mit nein beantwortet[20].»

142

Dieses Verhalten zu verstehen, ist nicht leicht. Es ist ungewöhnlich und gibt ein schweres Rätsel auf. Ja, man darf sagen, dass die Seele ohne rechtes Verstehen sich kaum einer Schwermut erwehren könnte. Was drückt dieses Schweigen von Rudolf Steiner aus? Hat er vielleicht ein anderes, ein reiferes Verstehen erwartet, oder erwartet, dass man ihn schon früher gefragt hätte?

Man könnte sich denken, dass zum Beispiel ein Mitglied nach der Weihnachtstagung, vielleicht auch nur in einem inneren Seelengespräch, vertraulich an ihn herangetreten wäre: – Herr Doktor, was meinen Sie eigentlich damit, dass Sie im Punkt sieben der Statuten von Ihrem *eventuellen* Nachfolger sprechen? Warum sagen Sie da *eventuell?* Muss es denn nicht immer einen Nachfolger geben? Die Hochschule muss doch eine Leitung haben – wie sollte es denn sonst weitergehen? –

Man könnte in seinem Sinne etwa darauf erwidern: – Wenn wir von der *Hochschule* sprechen, dann muss in Betracht gezogen werden, dass sie, die eine Michael-Schule sein soll, nicht aus menschlichem Willen, sondern aus der eigenen Initiative dieser Wesenheit, aus dem Willen der geistigen Welt begründet wurde. Die Leitung der Hochschule ist daher eine rein geistige Angelegenheit, sie ist die Aufgabe des Zeitgeistes Michael selbst. – Wenn zum Beispiel in den Stunden der ersten Klasse über die besonderen Geisteswege und Geistesübungen Unterweisungen gegeben werden, dann müssen die Mitglieder etwas ganz Neues lernen, was zum Wesen dieser Mysterienstätte gehört. Sie werden wohl Rudolf Steiners Mund die Worte aussprechen hören, aber erfahren müssen, dass in Wirklichkeit die Wegweisung aus der geistigen Welt selber stammt und ihren Quell in Michaels Wesen hat. Dieses Erkennen muss unbedingt eine Aufgabe der esoterischen Entwicklung sein. Wenn daher von der Ernennung eines «eventuellen Nachfolgers» gesprochen wurde, dann liegt der Grund darin, dass diese Ernennung keine irdisch-menschliche, sondern eine hohe spirituelle Angelegenheit ist. Wie Michael in dieser Sache dann entscheiden wird, das muss als Schicksal, als Schicksalsprüfung oder als eine Geistessprache entgegengenommen werden. Unter diesem Gesichtspunkt war eine deutliche Angabe darüber sogar in den Prinzipien eine Notwendigkeit. Die Mitglieder sollten von Anfang an aufmerksam darauf werden, was an der

Weihnachtstagung schon bei der Eröffnung deutlich gesagt worden war, dass die *Grundsteinworte* durch ihn «mit dem Willen der geistigen Welt» gesprochen worden seien. Der Verlauf der Weihnachtstagung hat von Tag zu Tag die Führung der geistigen Welt gezeigt, denn diese war in allem anwesend. Man konnte es unbefangen, deutlich erleben. Die Mitglieder werden sich angewöhnen müssen, die Führung der geistigen Welt ernst zu nehmen. –

Diesem so skizzierten Gespräch hätten später weitere folgen können. Rudolf Steiner hätte zum Beispiel das erwähnen können, dass die geistige Welt, trotz der Übernahme des Vorsitzes der Gesellschaft durch ihn, ihre Offenbarungen reichlicher als vorher habe zuströmen lassen. Aus den Worten Rudolf Steiners wird man das unendlich Befreiende und Beglückende, die Erleichterung wahrnehmen können, welche sich daraus für ihn ergab. Das aber bedeutete gleichzeitig ein von ihm nicht in Worten, wohl aber durch die Erwähnung dieser geistigen Wirklichkeit bekanntgegebenes *neues Verhalten der geistigen Welt ihm gegenüber.* Denn seit der Weihnachtstagung war Rudolf Steiner von der Lenkung der Menschheits-Geschicke in einer Art aufgenommen, bestätigt und einer neuen Geisteswürde zugeführt worden, welche eine Erhöhung und Vollmacht-Übertragung an ihn bedeutete, die sich unserer Vorstellung entziehen. Darüber sprach Rudolf Steiner nicht, aber seine Taten und Handlungen zeigten es an.

Unter den Mitgliedern wurde das oben erwähnte Wort oft wiederholt: dass man sein Werk nicht von seinem Namen trennen dürfe. Diese Äusserung muss hier in den Zusammenhang mit hineingestellt werden, der durch das Nachfolger-Problem entstanden ist. Ihm ist eine ganz intensive neue Wirklichkeit zu eigen geworden. Denn von der Weihnachtstagung an waren das Werk – und dazu gehört die ganze Einrichtung und Bildung der Gesellschaft – und das Wesen Rudolf Steiners identisch geworden. Wo sein Werk gepflegt und wie geistiges Lebensblut aufgenommen wurde, da war er dabei. Denn er trennte sich nicht von ihm. Wenn jemand in lebenslangem Studium mit diesem Werk arbeitete und um Verstehen und Erleuchtung rang, dann war Rudolf Steiner mit solchem Ringen verbunden und gab beides: Erleuchtung und Verstehen. Und wenn die Gesellschaft auf ihrem Schick-

144

salsweg unermessliches Leid durchtrug, dann lebte und litt er in diesem Leid mit.

Am Sonntag, den 28. September 1924 erhob sich Rudolf Steiner noch einmal von seinem Lager, das ihm im Atelier errichtet worden war. Er hatte seinen Freitagabend-Vortrag vom 26. September wegen zu grosser Schwäche absagen müssen und war dann in seinem Atelier geblieben, in der Hoffnung, sich wieder erholen zu können. Als dann der Sonntag-Abend kam, an welchem er seit Jahren einen Mitglieder-Vortrag zu geben pflegte, zwang er sich mit aller Willenskraft dazu, den Michaelsvortrag[50] zu halten, in welchem er eine besondere Darstellung seiner Forschung bringen wollte. Es ging um eine Vertiefung der Zusammenhänge zwischen Johannes dem Täufer und Lazarus. Der feierliche Höhepunkt des Vortrages war dann die Michael-Meditation. Er konnte den Vortrag jedoch nicht beenden und brach ihn vorzeitig ab. Wie er das Podium verliess, standen die Mitglieder auf, und in dieser ergreifenden Stille der Verehrung und Liebe zu ihm trug er den so schwachen Körper wieder in sein Atelier hinüber.

Dort lag er, physisch zu sehr geschwächt, um seine bisherige Tätigkeit noch auszuüben, geistig jedoch rastlos mit dem Schreiben seiner Biographie, des medizinischen Buches und der «Leitsätze für die Mitglieder», die wie Edelsteine das Licht der Geistessonne strahlend wiedergeben, beschäftigt.

Nie verliess ihn die Hoffnung auf Wiederherstellung seiner Gesundheit. Aber es ging nicht nur um die Schwäche der Leibeskräfte. Rudolf Steiner wusste darum, dass die Gegner seines Geisteswirkens auch Mittel einsetzen konnten, um ihn durch bestimmte Einflüsse okkulter Art physisch zu vernichten. Dafür findet sich ein Zeugnis, in seinem Notizbuch vom November 1924, ein Gedicht, das in den *Wahrspruchworten*[22] in der folgenden Fassung zu lesen ist:

«Du Widersinnszauber des Lebens,
Du scheinest in der Nacht,
Und hehren Schicksalswebens
Gottgewollte ew'ge Macht
Durchlöchert die Gegenkraft –

Dass seelenquälend sich verbreitet,
Was dämonisch Unheil schafft
Und nach Schlangenart an mich gleitet.»

Seit Errichtung des Goetheanums waren die Vernichtungskräfte gegen alles, was in Dornach geschah, aufgeboten. Manches Wort Rudolf Steiners deutet auf das Wirken der Gegenmächte hin, wie etwa dieses: «Es ist damit verbunden, dass allerdings auch sehr starke dämonische Mächte gegen die anthroposophische Bewegung anstürmen.» Aber er konnte sie alle abwehren, bis nach dem Brande des Goetheanums, infolge der physischen Schwäche, eine andere Situation eintrat (siehe auch Seite 58).

Nach seinem Tode folgten später in ungeheurem Masse die Angriffe gegen die Gesellschaft, die kaum zu bewältigende Verhältnisse schufen. Aber gerade an dem Durchhalten der Gesellschaft und des Sich-Wiederfindens der Mitglieder kann man Rudolf Steiners Weiterwirken ablesen, auch an einer Art geistiger Erneuerung in den Initiativen.

Dieses Weiterwirken kann auf folgende Frage Antwort geben: Warum hatte Rudolf Steiner am 30. März 1925, als er seine Augen schloss und seinen Leib verliess, von niemand *Abschied* genommen? Was wäre zu antworten? Muss man Abschied nehmen, wenn man gar nicht weg-geht? Warum hiess es in den gedruckten Prinzipien, dass Rudolf Steiner seinen *eventuellen* Nachfolger zu ernennen habe? Wurde das Wort *eventuell* falsch interpretiert? Muss es denn nur auf diese eine Art verstanden werden, dass er keinen Nachfolger ernannte, weil es keinen solchen gegeben habe? Das ist sicher nicht auszuschliessen. Aber es kann ebensogut bedeuten, dass kein Nachfolger ernannt zu werden brauchte, weil er die Leitung der Hochschule in seine Hut genommen und sie nicht aufgegeben hatte, da er ja nicht «gegangen» war. Diese hohe Vollmacht des Dableibens war damals, als die Prinzipien gedruckt wurden, noch ganz offen gewesen, so dass der wirkliche Tatbestand gar nicht anders als mit *eventuell* bezeichnet werden konnte.

Seine Aussage, dass sein Name nicht von seinem Werk getrennt werden dürfe, müsste dann konkret auch die Leitung der Hochschule umfassen, die er keinem anderen hatte übertragen können. Mit aller Entschiedenheit darf man eine spirituelle Realität hinstellen:

Rudolf Steiner hat sich von der Hochschule, von der Michael-Schule, die eine rein geistige Institution ist, durch seinen Tod nicht getrennt. Wenn er mit irgend etwas verbunden geblieben ist, dann war es die Leitung der Hochschule!

Immer wieder wird die *Nachfolge* mit der Tatsache seines Todes verbunden, und das gibt Veranlassung, darüber sich Gedanken zu machen, ob der Tod Rudolf Steiners, eines so hohen Eingeweihten, sich mit dem Sterben und Hingehen eines gewöhnlichen Menschen gleichstellen lasse, oder ob es sich bei seinem Schwellenübergang, den er fortdauernd bei seiner Geistesforschung vollziehen musste, nicht um ganz andere Vorgänge und Massstäbe handelte. Wir kommen damit in eine so ungewöhnliche Fragestellung hinein, dass man sich für die dazugehörige Antwort einer Vortragsstelle Rudolf Steiners aus dem Jahre 1904 über den *Stein der Weisen* bedienen muss. Wir lesen da eine Mitteilung, die uns weit über das gegenwärtige Alltagswissen hinaushebt.

«Der Stein der Weisen hat einen bestimmten Zweck... Nicht der physische Tod ist es, um was es sich handelt, sondern es ist das Folgende: Der physische Tod desjenigen, der für sich selbst den Stein der Weisen erkannt hat, und ihn herauszusetzen verstanden hat, ist für ihn nur ein scheinbares Ereignis. Für die anderen Menschen ist es ein wirkliches Ereignis, das einen grossen Abschnitt in seinem Leben bedeutet. Für den, der in der Weise, wie Cagliostro es mit seinen Schülern gewollt hat, diese Arbeit an sich selbst betreibt und ihren Zweck erreicht, für den ist der Tod nur ein scheinbares Ereignis. Er wird nicht einmal einen besonders wichtigen Abschnitt im Leben bedeuten. Er ist nämlich etwas, was nur für die anderen da ist, die etwa den Adepten beobachten können. Die sagen, dass er stirbt. Er selbst aber stirbt in Wirklichkeit gar nicht. Die Sache ist so, dass der Betreffende gelernt hat, alle diejenigen Vorgänge in seinem physischen Körper vor sich gehen zu lassen, die im Momente des Todes im physischen Körper vor sich gehen. Alles, was im Momente des Todes im physischen Körper vor sich geht, lässt derjenige, um den es sich hier handelt, nach und nach während seines Lebens vor sich gehen. Es hat sich alles schon vollzogen mit dem Körper des Betreffenden, was sich sonst im Tode vollzieht. Dann ist der Tod nicht mehr möglich. Der Betreffende hat aber längst gelernt, ohne den physischen Körper zu leben. Er legt den Körper in ähnlicher Weise ab, wie man einen Regenmantel auszieht... Das ist... der Stein der Weisen, der den physischen Tod zu einer Bedeutungslosigkeit herabsinken liess[55].»

Man kann es verstehen, wenn sich gegen die ganze Auffassung über gewisse Rätsel in der letzten Lebenszeit Rudolf Steiners, wie sie hier dargestellt ist, ein bestimmter Einwand erhebt: Die Auffassung vom Hingang Rudolf Steiners, dass er eigentlich gar nicht in der üblichen Weise stattgefunden habe, gehöre in das Reich des Mystizismus. Wir hätten es mit der irdischen Welt und ihren gültigen Gesetzen als nicht umdeutbaren Realitäten zu tun. Wer durch den Tod gegangen sei, was bei Rudolf Steiner unzweifelhaft zuträfe, der könne nachher nicht als Leiter der Hochschule wie vorher gelten. Man müsse nüchtern bleiben.

Dieser Einwand, so richtig er im äusseren Sinne sein mag, verschliesst sich allem gegenüber, was man als das Wirken des Übersinnlichen und als das Überschreiten der Schwelle, zunächst als Begriff, dann aber als lebendige Anthroposophie in sich trägt. Denn ein Einwand, wie der oben angeführte, ist aus einem paradoxen Materialismus entstanden.

Es möge daher mit wenigen Worten von zwei anderen *Mystizismen* gesprochen werden, die zum Fundament des anthroposophischen Denkens gehören. Der eine ist uns schon entgegengetreten in der Antwort Rudolf Steiners auf die Frage an der Weihnachtstagung, dass das *Goetheanum* doch nicht mehr da sei: *Das Goetheanum* ist noch da – wir haben nur den Bau nicht mehr! Und der zweite wird geradezu als *mystische Tatsache* bezeichnet: es ist der Tod auf Golgatha und das Erscheinen des Christus im Ätherischen. Darin besteht ja das Rätsel unserer Zeit, dass es der Fortschritt der Menschheit ist, sich aus dem Materialistisch-Physisch-Irdischen der Sinnenwelt zu erheben und in die Wirklichkeit des Übersinnlich-Ätherischen als das gewaltige Zukunftsgeschehen und -leben der Menschheit einzudringen. Während etwa der gewöhnliche Mensch nach seinem Tode auch seinen Ätherleib von sich fortgehen und sich im Ätherkosmos auflösen sieht, so gilt ein solches Auflösen und Weggehen nicht für den besonders gebildeten und weisheitsvollen Ätherleib des Eingeweihten. Das bedeutet, konkret gesprochen, dass auch der Ätherleib Rudolf Steiners nach seinem *Tode* geblieben ist in seiner vollen, weiterwirkenden Geistgestalt, die ihm in wohl einmaliger Weise eigen ist. «Der Äther- und Astralleib, der durchgereinigt, spiritualisiert ist, der löst sich nicht auf nach dem Tode[56].» Darin müsste man eine dringende Entwicklung und geistige Erziehung der Anthroposophischen Gesellschaft sehen, dass sie sich in ernster Arbeit mit den Bedingungen vertraut macht, die das Schauen im Ätherischen und das ätherische Hellsehen genannt werden. Rudolf Steiner betrachtet die geistig fortwirkende Individualität in ihrer vollen Realität, wie er das im Vortrag vom 16. September 1924 ausführt:

«Und sehen Sie, will man nun für das, was man erforschen soll für die Zukunft des 20. Jahrhunderts, einen bedeutenden Helfer haben, sozusagen jemanden, der einem raten kann in bezug auf die übersinnliche Welt, wenn man Impulse braucht, die da drinnen sind: dann ist es die Individualität des Julian Apostata – Tycho de Brahe. Sie ist heute nicht auf dem physischen Plan, aber sie ist eigentlich immer da und gibt immer Auskunft über diejenigen Dinge, die sich namentlich auf das Prophetische in bezug auf das 20. Jahrhundert beziehen[50].»

So war auch Rudolf Steiner, nachdem er seine physische Körperlichkeit abgelegt hatte, in viel grösserem Masse fähig in bezug auf seine höheren Kräfte mit allem, was Michaelsdienst und anthroposophische Bewegung wirklich sind, vereinigt zu bleiben. Die Gesellschaft als Gefäss der Anthroposophie und Träger der esoterisch-spirituellen Impulse der Weihnachtstagung ist der Ort geblieben, wo Rudolf Steiner seiner Geistes-Aufgabe gemäss mit seinem Werk schaffend verbunden bleibt. Wenn im 20. Jahrhundert der ätherische Christus durch die Menschheit geht, dann geht auch jener mit ihm, der die Weihnachtstagung im Geiste der Christus-Sonne als einen Welten-Zeitenwende-Anfang in unsere Welt hineingestellt hat.

Die Grundstein-Meditation

Wir stehen unmittelbar vor dem Zentralsten der Weihnachtstagung, wenn sich unser Sinnen auf intime Weise mit der Grundstein-Meditation verbindet. In hervorragender Weise ist es F. W. Zeylmans van Emmichhoven[57] gelungen, die Grundsteinsprüche zu erläutern. Vielen Mitgliedern hat er damit einen Weg zu diesem Geistes-Licht gezeigt, vor allem, weil er die Rhythmen in ihrem geistigen Zusammenhang erschlossen und dadurch einen Einblick in ihre hohe Bedeutung vermittelt hat.

Ein besonderes Problem ergibt sich aber, wenn man erkennen möchte, was sich in der Grundstein-Meditation als ein bestimmter Fortschritt des Menschenwesens ausspricht und wie er sich kennzeichnet. Man müsste also in der Lage sein zu zeigen, was man hier als eine ganz neue Grundlage der menschlichen Natur und ihrer gesamten darauf beruhenden Existenz des Menschen bezeichnen kann.

Die Menschenseele – so erläuterte Rudolf Steiner den Beginn der Meditation – ruft sich selber an. Sie fordert sich zur Selbsterkenntnis auf. Damit stellt sie die Kontinuität zu dem Walten der Mysterien aus alter Menschheitszeit her, das sich immer wieder in dem Worte *Erkenne dich selbst* ausdrückte. In der Menschenseele lebt vom Anfang der Erdenentwicklung an der tief in ihr verankerte Impuls, sich in einem Leibe zu inkarnieren. Dieser Inkarnations-Impuls muss seinen Weg seit den Urzeiten bis in die Gegenwart und weit darüber hinaus unter den verschiedensten Bedingungen immer wieder finden. Das entwickelt die Kräfte, die auf rechte Art einer solchen Erden-Aufgabe gewachsen sein müssen. Einst standen Geistwesen dabei zur Seite. Die neue Mysterien-Epoche, in welcher wir leben, führt diesen Vorgang des Sich-Inkarnierens vor das bewusste Erkennen des Menschen hin.

Die Meditation des Grundsteinspruches hebt damit an, dass sich die Seele ihre dreifache Verbindung mit der Leibeshülle zuruft. Sie soll ganz wach unterscheiden lernen, wie sie bei ihrer Inkarnation in den

Leib den Weg *von unten nach oben* nehmen muss, so wie das Wachwerden am Morgen durch das Eindringen des Astralleibes und des Ich bei den Gliedmassen anfängt und sich dann bis zum Haupte ausdehnt. Im stufenweisen Fortschreiten von den *Gliedmassen* zu der *Herz- und Lungenorganisation* und zuletzt in die *Hauptesregion* findet die Seele ihre Lebensbereiche, durch die sie das Menschen-Kosmos-Geheimnis erfahren soll. Dieses spricht zu ihr, indem der Spruch von unten nach oben führt:

Menschenseele!	Menschenseele!	Menschenseele!
Du lebest *in*	Du lebest *in* dem	Du lebest *im*
den Gliedern.	Herzens-Lungen-Schlage.	ruhenden Haupte.

Das grosse Geheimnis, das sich die Seele durch die Gliedmassen aneignen soll, ist das Verhältnis, welches die Gliedmassen und ihre Bewegungen zum Geistigen besitzen. Denn der menschliche Körper ist durch und durch Geist. In einem seiner Lehrerkurse[58] wird diese Tatsache von Rudolf Steiner in eine ganz neue Sicht gebracht: «Aber beiden, Materie und Geist, liegt etwas Höheres zugrunde. Und man kann eigentlich sagen: Wenn dieses Höhere zur Ruhe gebracht wird, dann ist es Materie; wenn dieses Höhere in Bewegung gebracht wird, dann ist es Geist.»

Indem er diese Wahrheit auf den Unterricht anwendet, gibt er den Lehrern eine umfassende Menschenerkenntnis: «Wenn Sie das Kind eurythmisieren lassen, so kommt es in Bewegung und durch den Verlauf dieser Bewegung strömt das Geistige, das in den Gliedern ist, aus den Organen nach oben. Es ist eine Erlösung des Geistigen, wenn ich das Kind eurythmisieren oder singen lasse. Das Geistige, von dem die Glieder strotzen, wird herauserlöst[58].»

Da blicken wir in ein lebendiges Geistesmeer hinein, das die sich bewegenden Glieder umfängt. Innerhalb dieser Geistesfülle wirken aber auch die Gesetze, die als Schicksalsgesetze alle Handlungen und Wege des Menschen durchdringen. Denn das Karma ist eine Eigenschaft des Willens. Es ist ein Strömen des Übersinnlichen, schicksalsgestaltend und -offenbarend, und dadurch wiederum ein Bestandteil des unendlichen Geistgewoges. Das alles würde dem Menschen ins Unterbewusste entgleiten, wenn er nicht in seiner Seele eine Übung entwickeln würde, die wie ein Festhalten dieses Stromes wirkte und für sein Seelenauge zum Führer in die Schöpfungsgeschichte der Menschheit würde. Das, was hier zur Geltung kommen muss, wird bezeichnet als die *Erinnerung*. In den *Leitsätzen*[59] finden wir in dem Aufsatz *Was sich offenbart, wenn man in die wiederholten Erdenleben zurückschaut*, folgenden Abschnitt:

«Wie nun der Mensch im gegenwärtigen Erdenleben seine Erlebnisse als Erinnerung in sich trägt, so trägt er alles, was er in der geschilderten Art durchgemacht hat, als kosmische Erinnerung in sich. Was ist das irdische Seelenleben? Die Welt der Erinnerungen, die bereit ist, in jedem Augenblicke neue Wahrnehmungen zu machen. In diesem Wechselwirken von Erinnerung und neuer Erfahrung lebt der Mensch sein innerliches Erdendasein. – Aber dieses innerliche Erdendasein könnte nicht zur Entfaltung kommen, wenn nicht als kosmische Erinnerung im Menschen gegenwärtig noch vorhanden wäre, was man schaut, wenn man geistig zurückblickt in das erste Stadium seines Erden-Mensch-Werdens, in dem er von dem göttlich-geistigen Wesen noch nicht losgelöst war[59].»

Das hier Zitierte soll genügen, um in die Zusammenhänge einzutauchen, die zwischen der Kraft der Erinnerung und dem Finden des Weltenschöpfer-Seins bestehen, wo das eigene Ich noch umfangen ist vom Gottes-Ich und gerade begonnen hat, sich davon zu lösen und zum eigenen Wesen zu kommen, also zu erwesen.

Die Meditation, die auf Grund der Menschenerkenntnis nun so in der Seelenruhe leben und tönen kann, wird am besten auch gesprochen erlebt:

«Menschenseele!
Du lebest in den Gliedern,
Die dich durch die Raumeswelt
In das Geistesmeereswesen tragen:
Übe Geist-Erinnern
In Seelentiefen,
Wo in waltendem

152

Weltenschöpfer-Sein
Das eigne Ich
Im Gottes-Ich
Erweset;
Und du wirst wahrhaft *leben*
Im Menschen-Welten-Wesen.»

Die Grundstein-Meditation ist in ihrer Dreiheit eine Kunde davon, wie der Mensch ein kosmisch-geistiges, ein seelisches und ein geistig-physisches Wesen ist, wie er im Makrokosmos darinnen steht, wie er mit den Hierarchien verbunden ist und wie er Zukunftskräfte entwickelt. Es sind neue Seelenprozesse, die in ihm sich einstellen, wenn er die drei Übungen des Geist-Erinnerns, Geist-Besinnens und Geist-Erschauens durchführt. Die Meditation gibt genau an, wohin die Seele geleitet wird, wenn sie sich ganz in den Spruch vertieft.

Was aber der Grundstein-Meditation wie ein Mittelpunkt angehört, ist die Lehre vom Ich, die so in der Dreiheit der Sprüche enthalten ist, dass sie den Charakter einer Ich-Einweihung bekommt. Das unsterbliche Wesen des Menschen erkennt von jenseits der Schwelle aus, wie die Ich-Natur und die Einweihung zusammengehören. In diesem Einweihungsimpuls lebt es gemäss seinem geistigen Ursprung, wenn es die Inkarnation der Seele in den Leib vom Übersinnlichen her begleitet. Erst von der anderen Seite der Schwelle erscheint der Mensch als eine Dreigestalt, die seinem Ich-Geheimnis nach aufgebaut ist, zu welchem die Grundstein-Meditation hinführt. Das Gliedmassensystem, das Herz-Lungensystem und das Sinnes-Kopfsystem sind solche Bildungsformen, die den Blick auf die kosmischen Hintergründe der Ich-Entwicklung lenken. Wir haben solcherart drei Stufen unserer Ich-Evolution als einen Inkarnationsweg durchzumachen, der den weiteren Lebensgang des einzelnen wie ein biographisches Initiations-Thema begleitet. Die Wirkung der Grundstein-Sprüche zeigt sich gerade in ihrer bewusstseinsweckenden Kraft in bezug auf die Ich-Führung im Lebenslauf besonders deutlich. Der Ich-Charakter aber, der in den Vier-Zeilen-Rhythmen enthalten ist, offenbart den neuen Weg, der in der Weihnachtstagung gegeben worden ist:

Übe Geist-Erinnern –	Übe Geist-Besinnen –	Übe Geist-Erschauen
Das eigne Ich	Das eigne Ich	Dem eignen Ich
Im Gottes-Ich	Dem Welten-Ich	Zu freiem Wollen
Erweset.	Vereinen.	Schenken.

Man kann darin den Geistesweg der Seele zu ihrem höheren Ich, zu dem Geistselbst erkennen, das schon jetzt in der Bewusstseinsseele beginnt, tätig zu sein.

In seinen oft nur kurzen Ausführungen gerade zu diesen Rhythmen bezeichnete Rudolf Steiner das, was ein solcher «Rhythmus» in sich enthält, als einen «Seelenprozess» oder als «Aussprüche der Weltgeheimnisse, insofern diese Weltgeheimnisse in der Menschenseele auferstehen als menschliche Selbsterkenntnis.» Diese Sätze sind geistige Leitlinien, um in das Innere der Sprüche vorzudringen. Wenn wir uns daher klar machen, dass ein solcher «Seelenprozess» mit der Ich-Entwicklung zu tun hat, dann sieht man unmittelbar, wie die Ganzheit des Spruches im Göttlich-Kosmischen wurzelt und bis zu den «Menschen-Geistes-Gründen» hinführt. Wenn wir den Schöpfungsvorgang konkret vorstellen: «Das eigne Ich im Gottes-Ich erweset», dann steht man in einem Weltgeheimnis darin. Wenn geistige Wahrheiten, wie diejenigen aus der Grundstein-Meditation, immer wieder durch die Seele ziehen, dann bewirken sie durch sich selbst eine wesentliche Vertiefung. Der Zusammenhang mit der *Geist-Erinnerung* ruft als besondere Aktivität *den* Seelenprozess hervor:

«Und du wirst wahrhaft leben
Im Menschen-Welten-Wesen.»

Das, was als Folge dieses inneren Prozesses eintritt, ist eine neue Verbindung des Menschen mit dem Kosmos, wodurch er «wahrhaft *leben wird*».

Die Bezeichnung *Menschen-Welten-Wesen* – der Mensch als Welten-Wesen; das Welten-Wesen als Mensch –, welche in der ersten Strophe auftritt und die eine innige gegenseitige Durchdringung von Mensch und Welt enthält, sowie das *wahrhaft leben,* das dazu gehört, haben beide Zukunftscharakter, da es heisst, «du *wirst* wahrhaft leben im Menschen-Welten-Wesen». Es muss die Erkenntnis entstehen, dass das Leben auf Erden nicht mehr *wahrhaft* gewesen war, dass es nicht mehr dem Menschen-Urbild entsprach. Dadurch war auch der Zusammenhang mit dem «Menschen-Welten-Wesen» aufgehoben, weil der Mensch als wahres Geist-Wesen dasjenige nicht verwirklichte, was mit ihm einst gewollt war. Diese tiefgreifende Störung, welche die Wurzel seiner Existenz getroffen hatte, weist auf jene Ereignisse hin, die man den Sündenfall nennt. Es geht um das Verderben des Menschen-Urbildes, das durch die Weltenzeiten von Saturn, Sonne, Mond bis zum Erdenbeginn entstanden war. Man hätte ohne diesen Sündenfall einen ganz anderen physischen Leib und ein ganz anderes Erdenleben gehabt. «Unsichtbar wäre also der Mensch am Ausgangspunkte seines Erdenwerdens auch als physischer Leib [60]», fasste Rudolf Steiner alles zusammen.

Durch den luziferischen Einschlag, der die Verführung des Menschen genannt wird, wurden die geistigen Gesetze des Urbildes verletzt. Das Leben der Menschen enthielt nicht mehr den Charakter des «Wahrhaften». Wir müssen an die erste Grundsteinlegung für den Goetheanum-Bau denken, wo Rudolf Steiner durch die Verkündigung des kosmischen Vater-Unsers, des Weltengebetes, das, was einst Wahrheit in den Mysterien war, mitteilte:

> «Es walten die Übel,
> Zeugen sich lösender Ichheit,
> Von andern erschuldete Selbstheitschuld...»

Nun steht bei der Weihnachtstagung eine neue Grundsteinlegung vor uns. Da hören wir neue Verkündigungen, neue Begriffe, die den Charakter eines neuen Urbildes haben. Sie heissen zum Beispiel *wahrhaft leben* und *Menschen-Welten-Wesen*. Es steht der Kosmos der wahren Menschwerdung vor uns, verbunden mit dem Vater-Gott, aus dem sich ein neues Menschenbild erhebt. Die Weihnachtstagung brachte ein neues *Weltengebet* mit Verkündigungen, die in ihrer Gesamtheit die Offenbarung des in unserer Zeit wirkenden Christuswesens bedeuten.

Wir müssen für diese Wirklichkeit den von Rudolf Steiner gegebenen Hintergrund heranziehen, der in den Vorträgen *Von Jesus zu Christus* (1911) enthalten ist. Er führte seine Zuhörer in das Wirken des Christus-Jesus ein. Indem der Christus bei der Jordantaufe einen menschlichen Leib ergriff – er, der Gott in einem Erdenleibe –, konnte er den physischen, ätherischen und astralischen Leib, die nun seine Hüllen geworden waren, davor behüten, dass sie weiterhin den Wirkungen der beiden grossen Verführer Luzifer und Ahriman ausgesetzt wurden. Im Laufe der drei Jahre seines Erdenwirkens entstand eine Umformung der Hüllen im Sinne des Christuswesens, und dazu gehörte auch, *als neue Schöpfung, die Wiederherstellung des ursprünglichen physischen Leibes,* gemäss dem göttlichen Urbild, wie er vor dem Sündenfall bestanden hatte. Als der Kreuzestod vor sich ging, wurde beim Zerfallen der Erdensubstanz des Leibes der neue *Erdenleib,* jetzt als Geistleib des Christus, geboren, den Rudolf Steiner das unverwesliche *Phantom* nannte. In diesem Phantom gab es keine Verführungsmächte, es war als Geistleib von nun an der *wahre Leib* des Menschen. Jetzt wurde er wieder in seine kosmische Gesetzmässigkeiten eingegliedert, er war wieder zum «Menschen-Welten-Wesen» geworden, ein unsichtbares und unsterbliches Leibesformgebilde, als Urbild geprägt von den höchsten Hierarchien. Rudolf Steiner sagte dazu:

«Es ist eingetreten, dass dieser eine Mensch, der der Träger des Christus war, einen solchen Tod durchgemacht hat, dass nach drei Tagen dasjenige, was am Menschen das eigentlich Sterbliche des physischen Leibes ist, verschwinden musste und aus dem Grabe sich erhob jener Leib, der der Kräfteträger der physisch-materiellen Teile ist. Das, was eigentlich dem Menschen zugedacht war von den Beherrschern von Saturn, Sonne und Mond, das hat sich erhoben aus dem Grabe: das reine Phantom des physischen Leibes... So stammen ab von dem, was aus dem Grabe auferstand, die geistigen Leiber, die Phantome für alle Menschen. Und es ist möglich, jene Beziehung zu dem Christus herzustellen, durch welche der Erdenmensch seinem sonst zerfallenden physischen Leib einfügt dieses Phantom, das aus dem Grabe von Golgatha auferstanden ist[60].»

Auf Grund dieser neuen Schöpfungs-Tatsache, die durch das Mysterium von Golgatha für die Menschheit eingetreten war, muss auch das neue *Weltengebet* dieses grosse, neue Schöpfungsgeheimnis des Menschen ausdrücken, welches immer stärker in der Zukunft die Menschheit bestimmen und gestalten wird. In der Einfachheit, in welcher ganz grosse Wahrheiten gesagt werden, lautet eine solche Stelle im *Grundstein-Weltenspruch* aus der ersten Strophe:

«Übe Geist-Erinnern
In Seelentiefen,
Wo in waltendem
Weltenschöpfer-Sein
Das eigne Ich
Im Gottes-Ich
Erweset;
*Und du wirst wahrhaft leben
Im Menschen-Welten-Wesen.*»

Von dieser Ur-Erkenntnis der Grundstein-Meditation aus kann man als weitere Folge des wiederhergestellten Menschenleibes oder des *Phantoms* eine vollständige Veränderung des Seelenlebens wahrnehmen: durch den neuen, unverdorbenen Leib kann sich das Ich des Menschen zu seiner Selbstfindung, zu seinem geistig-klaren Ich-Bewusstsein erheben. Wir können darüber in dem siebten Vortrag des Zyklus *Von Jesus zu Christus* folgendes lesen:

«Hätten wir den physischen Leib vollständig, wie er uns im Beginne des Erdendaseins zugedacht war, so würden sich unsere Seelenkräfte in ganz anderer Weise spiegeln, und wir würden dann erst wahrhaftig wissen, was wir sind. So wissen wir nicht, was wir sind, weil uns der physische Leib nicht in seiner Vollständigkeit gegeben ist[60].» – Und an anderer Stelle:

«Und es ist unmöglich, das Christentum zu begreifen, wenn man nicht einsieht, dass zur Zeit, als die Ereignisse von Palästina sich abspielten, das Menschengeschlecht über die Erde hin dort angekommen war, wo dieser Zerfall des physischen Leibes seinen Höhepunkt erreicht hatte, und wo eben deswegen für die gesamte Entwicklung der Menschheit die Gefahr bestand, dass das Ichbewusstsein, die eigentliche Errungenschaft der Erdentwicklung, verlorengehe... Immer mehr und mehr wäre das Zerstörende eingezogen in die physische menschliche Leiblichkeit, und die Menschen, die geboren worden wären nach der Zeit des Ereignisses von Palästina, hätten leben müssen mit einem immer dumpferen Ichgefühl... Aber es trat eben das Ereignis von Golgatha ein und bewirkte eine vollständige Wiederaufrichtung der verlorenen Entwicklungsprinzipien des Menschen. Indem der Mensch das aufnimmt, was wir ... mit dem Namen ‹unverweslicher Leib› belegten, ... wird er immer mehr dazu kommen, sein Ichbewusstsein heller und heller zu machen, wird er immer mehr das in seiner Natur erkennen, was sich von Inkarnation zu Inkarnation hindurchzieht[60].»

Wenn man alle diese Ausführungen zusammenschaut mit dem, was an der Weihnachtstagung gegeben worden ist, dann wird man auch die *Weihnachtstagungsrhythmen* in ihrem grossen, geistigen Weltzusammenhang sehen. Gerade in den Sprüchen, welche mit der Verbindung des Ich zu den Wesenheiten der Trinität zu tun haben, offenbart sich die Wiederherstellung des neuen Geistleibes. Die Sprüche offenbaren diesen Geistleib als den Träger des Urbildes, welches durch den Christus wiederhergestellt ist. Man kann verstehen, warum einem ein ganz anderes, ein so neues Seelenleben am Menschen entgegenkommt, das auf eine Belehrung esoterischer Art über den Menschen, den Anthropos, wartet. Alles deutet auf die Menschheits-Zeitenwende hin, in der das Leben, das Fühlen und das Denken wieder *wahrhaftig* werden können.

Mit einem neugewordenen Sinnen und Begreifen schauen wir daher noch einmal auf diese *Zeilen der Wahrhaftigkeit* hin:

Vater-Gott	*Sohnes-Gott*
Übe Geist-Erinnern –	Übe Geist-Besinnen –
Das eigne Ich	Das eigne Ich
Im Gottes-Ich	Dem Welten-Ich
Erweset;	Vereinen;
Und du wirst *wahrhaft leben*	Und du wirst *wahrhaft fühlen*
Im Menschen-Welten-Wesen.	Im Menschen-Seelen-Wirken.

Geist-Gott
Übe Geist-Erschauen –
Dem eignen Ich
Zu freiem Wollen
Schenken;
Und du wirst *wahrhaft denken*
In Menschen-Geistes-Gründen.

Zum Abschluss dieses Sinnens über die Weihnachtstagung mag sich das Ergebnis in wenigen Sätzen vor die Seele stellen:

Wenn die Grundstein-Meditation in ihrer Substanz durchschaut, durchfühlt und durchlebt wird, dann fällt auf sie das helle Licht des Ereignisses der Weihnachtstagung. Ein wirkliches Sich-Erheben zu ihrem wahren Quell beginnt. Man begreift die Weihnachtstagung als einen realen Welten-Zeitenwende-Anfang.

Die Grundsteinsprüche enthalten die Anthroposophie mit ihrer neuen Ich-Setzung. Diese aber ist die Sprache, die der Christus heute zu uns spricht.

Darauf beruht die Anthroposophische Gesellschaft:
es ist ihr Grundstein!

Anmerkungen

[1] R. Steiner, Die Weihnachtstagung zur Begründung der Allgemeinen Anthroposophischen Gesellschaft 1923/24. GA 260. 3. Aufl. Dornach 1963.

[2] R. Steiner, Die Konstitution der Allgemeinen Anthroposophischen Gesellschaft 1923/24. GA 260a. Dornach 1966.

[3] R. Steiner, Mein Lebensgang. GA 28. 7. Aufl. Dornach 1962.

[4] R. Steiner, Die Philosophie der Freiheit. GA 4. 13. Aufl. Dornach 1973.

[5] R. Steiner, Die Geheimwissenschaft im Umriss. GA 13. 28. Aufl. Dornach 1968.

[6] R. Steiner, Die Rätsel der Philosophie in ihrer Geschichte als Umriss dargestellt. GA 18. 8. Aufl. Dornach 1968.

[7] R. Steiner/I. Wegman, Grundlegendes für eine Erweiterung der Heilkunst nach geisteswissenschaftlichen Erkenntnissen. GA 27. 4. Aufl. Dornach 1972.

[8] R. Steiner, Wie erlangt man Erkenntnisse der höheren Welten? GA 10. 22. Aufl. Dornach 1975.

[9] R. Steiner, Anweisungen für eine esoterische Schulung. GA 245. 4. Aufl. Dornach 1976.

[10] R. Steiner, Schicksalszeichen auf dem Entwicklungswege der Anthroposophischen Gesellschaft. Dornach 1943.

[11] Vergleiche S. 15 «was von hier gewollt wird».

[12] R. Steiner, Aus der Akasha-Forschung. Das Fünfte Evangelium. GA 148. 2. Aufl. Dornach 1975.

[13] R. Steiner, Das Lukas-Evangelium. GA 114. 6. Aufl. Dornach 1968.

[14] R. Steiner, Das Matthäus-Evangelium. GA 123. 5. Aufl. Dornach 1971.

[15] N. Grosheintz-Laval, Erinnerungen im Gedenken an die Feier der Grundsteinlegung zum ersten Goetheanum am 20. September 1913. In «Mitteilungen aus der Anthroposophischen Arbeit in Deutschland». Nr. 25, Michaeli. Stuttgart 1953.

[16] F. Edelmann, Reinach (bei Basel), nicht veröffentlicht.

[17] H. Müller, Spuren auf dem Weg. 2. Aufl. Stuttgart 1976.

[18] R. Steiner, Der Entstehungsmoment der Naturwissenschaft in der Weltgeschichte und ihre seitherige Entwickelung. GA 326. 3. Aufl. Dornach 1976.

[19] A. Steffen, Begegnungen mit Rudolf Steiner. 3. Aufl. Dornach 1975, S. 280.

[20] I. Wegman, An die Freunde. Arlesheim 1968.

[21] R. Steiner/M. Steiner-von Sivers, Briefwechsel und Dokumente. 1901–1925. GA 262. Dornach 1967.

[22] R. Steiner, Wahrspruchworte. GA 40. 3. Aufl. Dornach 1975.

[23] R. Steiner, Anthroposophische Gemeinschaftsbildung. GA 257. 2. Aufl. Dornach 1974.

[24] R. Steiner, Ansprache an die Mitglieder vom 12. September 1920.

[25] R. Steiner, Der Goetheanum-Gedanke inmitten der Kulturkrisis der Gegenwart. GA 36. Dornach 1961.

[26] R. Steiner, Das Sonnenmysterium und das Mysterium von Tod und Auferstehung. GA 211. Dornach 1963.

[27] R. Steiner, Der Baugedanke des Goetheanum. Stuttgart 1958.

[28] R. Steiner, Esoterische Betrachtungen karmischer Zusammenhänge, Bd. 2. GA 236. 2. Aufl. Dornach 1973.

[29] R. Steiner, Die gesunde Entwickelung des Leiblich-Physischen als Grundlage der freien Entfaltung des Seelisch-Geistigen. GA 303. 3. Aufl. Dornach 1969.

[30] Bei der Begründung der Anthroposophischen Gesellschaft im Februar 1913 nach der Loslösung von der Theosophischen Gesellschaft.

[31] R. Steiner, Die menschliche Seele in ihrem Zusammenhang mit göttlich-geistigen Individualitäten. Die Verinnerlichung der Jahresfeste. GA 224. Dornach 1966.

[32] R. Steiner, Esoterische Betrachtungen karmischer Zusammenhänge, Bd. 6. GA 240. 2. Aufl. Dornach 1966.

[33] R. Steiner, Unsere Toten. GA 261. Dornach 1963.

[34] H. Jenny, Morde, Brände, Skandale. Ein Panoptikum aus Basels finsterster Geschichte. Basler Schriften Bd. 18. Basel 1970.

[35] M. Steiner, Vorwort zu R. Steiner, Die Weihnachtstagung zur Begründung der Anthroposophischen Gesellschaft 1923/24. GA 260. 3. Aufl. Dornach 1963.

[36] M. Steiner, Nachwort zu R. Steiner, Mein Lebensgang. GA 28. 7. Aufl. Dornach 1962.

[37] R. Steiner, Die Methodik des Lehrens und die Lebensbedingungen des Erziehens. GA 308. 5. Aufl. Dornach 1974.

[38] R. Steiner, Das Osterfest als ein Stück Mysteriengeschichte der Menschheit. Dornach 1974.

[39] R. Steiner, Mysterienstätten des Mittelalters. In GA 233. Dornach 1963.

[40] R. Steiner, Bausteine zu einer Erkenntnis des Mysteriums von Golgatha. GA 175. 3. Aufl. Dornach 1961.

[41] E. Bock, Beiträge zur Geistesgeschichte der Menschheit. Bd. 1: Urgeschichte; Bd. 2 Moses und sein Zeitalter; Bd. 3 Könige und Propheten.

[42] Johannes-Evangelium, übersetzt von Günther Schubert. Dornach 1928.

[43] R. Steiner, Esoterische Betrachtungen karmischer Zusammenhänge, Bd. 3. GA 237. 6. Aufl. Dornach 1975.

[44] R. Steiner, Vorstufen zum Mysterium von Golgatha. GA 152. Dornach 1964.

[45] R. Steiner, Die Sendung Michaels. GA 194. Dornach 1962.

[46] R. Steiner, Vortrag vom 20. Mai 1917, in: Mitteleuropa zwischen Ost und West. GA 174a. Dornach 1971.

[47] R. Steiner, Der Zusammenhang des Menschen mit der elementarischen Welt. Das russische Volkstum. GA 158. Dornach 1968.

[48] R. Steiner, Goethe als Vater einer neuen Ästhetik, in: Methodische Grundlagen der Anthroposophie 1884–1901. GA 30. 2. Aufl. Dornach 1961.

[49] R. Steiner, Die Philosophie des Thomas von Aquino. GA 74. Vortrag vom 24. Mai 1920. 3. Aufl. Dornach 1967.

[50] R. Steiner, Esoterische Betrachtungen karmischer Zusammenhänge, Bd. 4. GA 238. 4. Aufl. Dornach 1974.

[51] R. Steiner, Okkulte Geschichte. GA 126. 4. Aufl. Dornach 1975.

[52] R. Steiner, Die Weltgeschichte in anthroposophischer Beleuchtung. GA 233. Dornach 1962.

[53] I. Wegman, Aufsatz vom 28. Juni 1925 im «Nachrichtenblatt 1925».

[54] Prinzipien der Anthroposophischen Gesellschaft. Dornach, Sonderdruck.

[55] R. Steiner, Hochgradmaurerei. Vortrag vom 16. Dezember 1904.

[56] R. Steiner, Das Prinzip der spirituellen Ökonomie. GA 109/111. Dornach 1965.

[57] F.W. Zeylmans-van-Emmichoven, Der Grundstein. 4. Aufl. Stuttgart 1971.

[58] R. Steiner, Menschenerkenntnis und Unterrichtsgestaltung. GA 302. 3. Aufl. Dornach 1971.

[59] R. Steiner, Anthroposophische Leitsätze. GA 26. 6. Aufl. Dornach 1972.

[60] R. Steiner, Von Jesus zu Christus. GA 131. 5. Aufl. Dornach 1974.

Verzeichnis der Abbildungen

Philosophisch-Anthroposophischer Verlag
Goetheanum, CH-4143 Dornach

RUDOLF GROSSE

Erlebte Pädagogik

Schicksal und Geistesweg

Herausgegeben von der Pädagogischen Sektion der Freien Hochschule für Geisteswissenschaft Goetheanum

Aus dem Inhalt: Am Gymnasium — Die Freie Waldorfschule in
Stuttgart — Emil Molt — Unterrichtsgestaltung und Lehrerpersön-
lichkeiten — Mit unseren Lebensfragen vor Rudolf Steiner — Die
Rudolf Steiner-Schule in Basel — Der Lehrer ein Künstler und die
Pädagogik eine Kunst — Pädagogische Miniaturen — Das Lehrer-
kollegium — eine erzieherische Gemeinschaft — Am Goetheanum —
Das Geistesstreben der Jugend.

2. Auflage
304 Seiten, zahlreiche Abbildungen, kartoniert